全国高职高专规划教材·法律系列

民事诉讼实务与操作

主　编　姚淑媛　冯　军

副主编　李国岩　曹　琳　刘俊芳

编写人员（以姓氏笔画为序）

　　　　冯　军　刘　彤　刘俊芳　刘晓梅
　　　　李国岩　张冬梅　苗文全　姚淑媛
　　　　康　艺　焦红静　曹　琳

内容简介

《民事诉讼实务与操作》一书适用于法律事务、法律文秘等专业及实习律师。全书分为实务编和操作编两部分,按照民事诉讼工作任务与诉讼流程设计 10 个实训项目,即接受委托、原告起诉、法院立案、被告应诉、开庭审理、提起上诉、二审程序、申请执行、申请再审、案卷归档,由诉讼各阶段的专项训练到综合训练,循序渐进,可操作性强,侧重技能培养。本书所选实训案例均为实案,避免内容空洞不切实际,针对各诉讼阶段编写了实务操作步骤,便于指导学生进行诉讼实训,选材全面,涉及各类常见民事纠纷,重在培养学生应诉能力、整体案件分析判断能力、开庭审理操作能力和终审案件处置能力。本书符合法律职业教育思想和岗位职业能力培养要求,是在掌握民法和民事诉讼法的基础上,训练民事诉讼实际操作能力的实训教材。

图书在版编目(CIP)数据

民事诉讼实务与操作/姚淑媛,冯军主编. —北京:北京大学出版社,2011.8
(全国高职高专规划教材·法律系列)
ISBN 978-7-301-19305-1

Ⅰ.①民… Ⅱ.①姚…②冯… Ⅲ.①民事诉讼-中国-高等职业教育-教材 Ⅳ.①D925.1

中国版本图书馆 CIP 数据核字(2011)第 154979 号

书　　　　名:	民事诉讼实务与操作
著作责任者:	姚淑媛　冯　军　主编
策划编辑:	周　伟　张达润
责任编辑:	周　伟
标准书号:	ISBN 978-7-301-19305-1/D·2900
出版发行:	北京大学出版社
地　　　　址:	北京市海淀区成府路 205 号　100871
网　　　　址:	http://www.pup.cn
电子信箱:	zyjy@pup.cn
电　　　　话:	邮购部 62752015　发行部 62750672　编辑部 62754934　出版部 62754962
印　刷　者:	三河市博文印刷有限公司
经　销　者:	新华书店
	787 毫米×1092 毫米　16 开本　12.5 印张　281 千字
	2011 年 8 月第 1 版　2015 年 2 月第 3 次印刷
定　　价:	25.00 元

未经许可,不得以任何方式复制或抄袭本书之部分或全部内容。
版权所有,侵权必究
举报电话:(010) 62752024　电子信箱:fd@pup.pku.edu.cn

前 言

《民事诉讼实务与操作》以《教育部关于全面提高高等职业教育教学质量的若干意见》(教高【2006】16号)为指导,力求全面贯彻文件精神,体现职业院校的特点,把民事诉讼实务知识与实践操作技能结合起来,突出实践性和操作性。本教材融"教、学、做"为一体,着重培养学生独立操作民事诉讼实务的技能,旨在培养高素质、技能型的法律专门人才。

本教材分为两个部分:第一部分为"实务编",该部分内容不同于传统理论教材,简化了法学理论和法律知识的介绍,重点在于民事诉讼实务常识的学习,按照民事诉讼实践操作步骤分为10个实训项目,一切以实践应用为目的来训练学生实务操作能力;第二部分为"操作编",该部分与第一部分的10个项目一一相对,配合第一部分的实训项目设置了10个实训案例。教学实践中,根据不同诉讼阶段的实训任务,可将学生分为原告组、被告组、法院组(或审理组)等实训小组,以情景模拟的方式来培训学生的法律实务技能。

本教材可作为实习律师、法律工作者、各种法律志愿者以及法律爱好者的入门学习材料,其可操作性和实践性足以将传统课本知识和法律条文转化为实务操作能力。

本教材的编写人员由实践经验丰富的法官、律师和长期从事实务教学的教师组成,在人员结构上保证教材的实践性、操作性和综合性特征。本教材编写人员及分工如下。

姚淑媛:河北司法警官职业学院法律系副主任、教授、心理咨询师,参编实训项目一、实训案例一。

冯军:河北司法警官职业学院法律系讲师、兼职律师,参编实训项目七、实训案例七、实训案例十。

李国岩:河北司法警官职业学院法律系民商法律教研室副主任、副教授、兼职律师,参编实训项目九、实训案例九。

曹琳:河北司法警官职业学院法律系讲师、国际注册法律顾问师,参编实训项目二、实训项目八、实训案例二、实训案例八。

刘俊芳:河北司法警官职业学院法律系讲师,参编实训项目三、实训项目四、实训案例三、实训案例四。

张冬梅:河北司法警官职业学院司法事务系教授、兼职律师,参编实训项目六、实训案例六。

焦红静：河北司法警官职业学院司法事务系副教授、兼职律师，参编实训项目五、实训案例五。

康艺：河北司法警官职业学院法律系助教，参编实训项目十。

刘彤：河北三和时代律师事务所副主任、合伙律师，参编实训项目一、实训案例一。

刘晓梅：石家庄市桥西区人民法院副院长，参编实训项目七、实训案例七。

苗文全：河北省高级人民法院民二庭副庭长，参编实训项目九、实训案例九。

全书由姚淑媛、冯军主编并统稿，由于水平和能力所限，本书编者虽几度推敲和校阅，仍难免有不足和疏漏，恳请读者批评指正。本书在编写中得到薄锡年院长的指点，部分内容参考了业界同仁的相关著作和教材，在此一并表示感谢。

编　者

2011年5月

目 录

实务编

实训项目一　接受委托 …………………………………………………………（3）
实训项目二　原告起诉 …………………………………………………………（12）
实训项目三　法院立案 …………………………………………………………（32）
实训项目四　被告应诉 …………………………………………………………（43）
实训项目五　开庭审理 …………………………………………………………（52）
实训项目六　提起上诉 …………………………………………………………（72）
实训项目七　二审程序 …………………………………………………………（80）
实训项目八　申请执行 …………………………………………………………（85）
实训项目九　申请再审 …………………………………………………………（98）
实训项目十　案卷归档 …………………………………………………………（104）

操作编

实训案例一　郝萌诉盛勇离婚纠纷 ……………………………………………（117）
实训案例二　张强诉李立、佳平公司工伤事故损害赔偿纠纷 ………………（123）
实训案例三　孙英诉王建武遗嘱继承纠纷 ……………………………………（127）
实训案例四　蒋京辉与光明家园房屋中介有限公司及
　　　　　　马静房屋买卖合同纠纷 …………………………………………（132）
实训案例五　建设银行某支行与顺昌公司、宝银公司借款合同纠纷 ………（140）
实训案例六　刘辉与四方公司商品房买卖合同纠纷 …………………………（159）
实训案例七　王爱国诉王爱民遗嘱继承纠纷 …………………………………（168）
实训案例八　王安军诉刘传祥合伙协议纠纷 …………………………………（177）
实训案例九　张金兰诉孙文悦房屋买卖合同纠纷 ……………………………（180）
实训案例十　孙艳诉刘志辉离婚后财产纠纷 …………………………………（184）
参考文献 …………………………………………………………………………（193）

实 务 编

实训项目一　接受委托

接受委托是律师会见当事人，在了解当事人基本情况和基本案情的基础上，分析案情并告知风险，进行协商接受当事人委托并办理委托手续的行为。接受委托是民事诉讼前律师从会见当事人到准备起诉阶段的重要环节，是律师依法行使职权的依据，其工作任务包括会见当事人、办理委托手续两个方面。

岗位技能

1. 会见当事人　2. 办理委托手续

岗位要求

1. 要求学生掌握会见当事人的具体工作任务并能够独立操作。
2. 要求学生能够根据具体案情办理相关委托手续，填写相关法律文书。

工作任务

一、会见当事人

（一）审查本案是否符合接受委托的范围和情形

律师会见当事人时，首先审查本案是否符合接受委托的范围和情形，符合接受委托的范围和情形的，可进一步了解当事人基本情况和案件情况等，与当事人协商一致后，即可办理委托手续。司法实践中，接受委托的范围和情形有以下 10 种：

1. 接受原告委托，应在原告拟向人民法院起诉之后，但已经代理该案的非诉讼法律事务并与委托人已有约定的除外；

2. 接受被告或第三人的委托，应在被告或第三人知道或人民法院送达起诉状副本后办理委托手续；

3. 接受上诉人或被上诉人的委托，担任第二审诉讼代理人的，应当在一审判决、裁定送达后办理委托手续，但已代理一审并与委托人另有约定的除外；

4. 律师代理案件执行的，应另行办理委托手续，明确代理权限范围或者在诉讼代理合同中特别约定授权执行代理事项；

5. 接受再审案件当事人或其法定代理人的委托，应在人民法院的判决、裁定发生法律效力后办理委托手续，但已代理原审并与委托人另有约定的除外；

6. 接受集团诉讼案件的，应与其代表人办理委托手续；

7. 无民事行为能力、限制民事行为能力当事人要求委托律师的,应当与其法定代理人办理委托手续,同时,特别注意当事人的民事行为能力的证据取得;

8. 接受侨居国外的中国公民委托,应当符合《中华人民共和国民事诉讼法》(以下简称《民事诉讼法》)第59条第3款的规定;

9. 接受外国当事人的委托,应当符合《民事诉讼法》第242条的规定;

10. 接受港、澳、台地区当事人的委托,应当遵守我国的法律规定。

(二) 审查本案有无利益冲突情况

律师会见当事人时,审查本律师事务所及其律师与当事人之间或者当事人相互之间是否存在利害关系,使得律师事务所及其律师在处理当事人委托事务时或在接受当事人委托后或同时代理双方当事人的法律事务时,可能直接或间接地损害当事人的权益。如本律师事务所已经接受同一案件对方当事人的委托,经审查本案存在利益冲突情况,应当通过当事人向律师事务所签发书面豁免函,排除利益冲突。具有违反《律师执业避免利益冲突规则》规定的,也可以拒绝为一方或双方代理。

律师事务所及其律师与当事人之间的利益冲突为直接利益冲突;当事人之间存在的利益冲突为间接利益冲突。

1. 直接利益冲突排除

发生直接利益冲突情形时,律师事务所及其律师不得接受对方或双方当事人的委托,除非律师事务所及其律师取得了各方当事人明确的书面豁免函,方可谨慎代理。但法律明文禁止的除外。

利益冲突豁免是指在发生利益冲突情形时,对方当事人或双方当事人通过向律师事务所签发书面豁免函,允许律师事务所担任对方当事人或双方当事人的诉讼代理人的行为。利益冲突豁免函应当为书面形式,豁免函应当向当事人告知存在利益冲突的基本事实和代理可能产生的后果,应当由当事人签字,并声明同意律师事务所代理。

2. 间接利益冲突排除

发生间接利益冲突情形时,律师事务所及其律师可以接受对方当事人或双方当事人的委托,但应当事先取得对方当事人或双方当事人对利益冲突的书面豁免。在获得当事人明确的书面豁免后,经手业务的律师要避免与同一律师事务所内有间接利害关系的律师、对方当事人的律师进行同一案件的交流和有关案件信息的披露,避免给当事人造成损害。

律师事务所及其律师如果在以前的代理中获知某些与当事人有关的保密信息,而在接受新的委托业务中将有可能或不可避免地披露或利用已知的保密信息,从而违反对前当事人的保密义务,则即使有各方的书面豁免,律师事务所及其律师也不能接受该项委托,因为违反律师的职业道德和职业纪律,此种情形下利益冲突无法排除。

3. 利益冲突发生后的代理顺序

在发生利益冲突的情况下,已经存在的代理优先于拟进行的代理;在某些情况下,律师事务所同一律师在代理中发生利益冲突的情况,可以改由同一律师事务所另一位律师进行代理。

4. 利益冲突的告知义务

律师事务所在发现直接利益冲突情形时,应立即告知当事人相关事实以及不能接受代理的原因;律师事务所在发现可以豁免的利益冲突情形时,应立即告知当事人基本事实以及代理可能产生的后果,尽早取得相关当事人的书面豁免,方可代理;律师事务所在取得当事人的书面豁免后,各方当事人间仍然形成直接利益冲突时,律师事务所必须及时书面告知各方当事人,并放弃对一方或双方当事人的代理。

豁免函范例如下。

关于同意贵所继续代理的函

河北××联合律师事务所:

贵所关于裴××律师为本人代理王×诉李×房屋买卖合同纠纷一案,存在利益冲突事项的函悉。经慎重考虑,相信裴××律师的职业道德和贵所的声誉,无论对方当事人是否选择贵所代理,我均同意裴××律师继续担任我的代理人。

特此函复。

王×

二〇一〇年三月九日

(三) 了解案情及当事人的基本情况

律师会见当事人,应询问当事人的基本情况,同时还要了解对方当事人的基本情况,有时还应该了解与本案有利害关系的、有可能被列为第三人的其他主体的基本情况。询问当事人基本情况要准确、具体。自然人的基本情况包括姓名、性别、年龄、民族、工作单位、通信地址、联系方式、身份证号等,如果是外国公民还应注明国籍、护照类型及证号。法人或其他组织的基本情况包括名称、住所地,法定代表人或负责人的姓名、职务、通信地址、联系方式等。这些都是会见当事人过程中必须掌握或了解的基本信息。

了解案情,可以先让当事人简要且完整地叙述整体案情,引导当事人按律师的思路陈述,在听取当事人叙述的同时应做叙述笔录,以便为委托人提供后续法律服务时保持对案情的了解,然后根据当事人所叙述的情况提出相关问题,进一步了解相关案情细节和重点内容。其中应主要了解争议的权益内容、争议的事实情况、有无相关证据以及相关时间和期限等。叙述笔录要求当事人签字盖章。

(四) 分析案情及告知风险

根据当事人叙述的案情,对案件进行初步法律分析,指出当事人在本案中享有哪些合法权益,应承担哪些诉讼风险等。常见的败诉风险如隐瞒真实案情、对案情做虚假陈述、举证不能、对方有相反证据、诉讼请求已过诉讼时效、权利已过除斥期间等。

(五) 洽商代理费

会见当事人后,没有形成委托关系的,只能按小时收取咨询费。形成委托关系的办理委托手续,律师事务所与委托人,根据《律师服务收费管理办法》和当地律师收费标准以及案件争议财产的数额等,协商案件代理费用。

1. 收取代理费的基本要求

律师事务所及律师为委托人提供法律服务,收取一定的服务费用,由律师事务所与委托人协商确定,并签署协议。协议内容应当包括收费项目、收费标准、收费方式、收费数额、付款和结算方式、争议解决方式等。律师事务所不得单方变更收费项目或者提高收费数额。确需变更的,律师事务所必须事先征得委托人的书面同意方可变更。

2. 代理费的收费方式

代理费的收取可以根据律师的服务内容,采取计件收费、按标的额比例收费和计时收费等方式。计件收费一般适用于不涉及财产关系的法律事务,按标的额比例收费适用于涉及财产关系的法律事务,计时收费可适用于全部法律事务。

3. 其他收费项目

其他收费项目是指律师服务费以外的异地办案差旅费和代委托人支付的费用。

异地办案差旅费是律师异地办案所需费用,由律师事务所统一收取。如果律师事务所需要预收异地办案差旅费,应当向委托人提供所需费用概算,经协商一致,由双方签字确认。确需变更费用概算的,律师事务所必须事先征得委托人的书面同意。

代委托人支付的费用是律师事务所在提供法律服务过程中,代委托人支付的诉讼费、保全费、鉴定费、评估费、公证费、查档费、执行费等,不属于律师服务费,由委托人另行支付。

4. 收取代理费应考虑的主要因素

律师服务费本身没有直接观察到的客观测算标准,律师服务费的收取应考虑律师事务所与委托人双方的诸多因素,确定一个双方都能接受的标准。一是办案耗费的工作时间;二是法律事务的难易程度;三是委托人的承受能力;四是律师可能承担的风险和责任;五是律师的社会信誉和工作水平;六是其他可考虑的因素。

律师代理民事诉讼还可以实行风险代理收费,风险代理收费最高收费金额一般不高于标的额的30%。

根据《律师服务收费管理办法》第11条的规定,办理涉及财产关系的民事案件时,委托人被告知政府指导价后仍要求实行风险代理的,律师事务所可以实行风险代理收费。实行风险代理收费,双方应约定承担的风险责任、收费方式、收费数额或比例。但有些情形不适用风险代理收费:(1)婚姻、继承案件;(2)请求给付社会保险待遇或者最低生活保障待遇的案件;(3)请求给付赡养费、抚养费、扶养费、抚恤金、救济金、工伤赔偿金的案件;(4)请求支付劳动报酬的案件;(5)其他不适用风险代理的案件。

二、办理委托手续

会见当事人经了解和询问,符合收案条件的,经过律师事务所主任或主任授权的负责人员批准后,办理委托手续。委托手续包括签订《委托代理合同》、签发《授权委托书》、缴纳代理费用和开具《律师事务所函》等。

（一）签订《委托代理合同》

《委托代理合同》由律师事务所（而非律师个人）与委托人签订。律师不得私自接受委托，因此，收案时应以律师事务所名义接受委托，并指派1至2名律师或依照当事人的指明要求指派律师作为诉讼代理人。律师事务所与委托人签订《委托代理合同》应当记明具体的委托事项和权限。《委托代理合同》一式三份，一份交委托人，一份交承办律师，一份律师事务所留存。

委托代理合同范例如下。

委托代理合同

（2009）冀（新）律民字第035号

委托人：马桥，地址：石家庄市广安街80号；电话：189×××××××。（以下简称甲方）

受托人：河北新兴律师事务所，地址：石家庄市广安街26号；电话：0311-83032×××。（以下简称乙方）

甲方与通达有限责任公司因房屋出租合同纠纷一案，聘请乙方的律师作为委托代理人，双方按照诚实信用原则，在平等、自愿的基础上，经协商一致，订立如下条款，共同遵守。

第一条　委托代理事项

乙方接受甲方委托，委派律师在马桥诉通达有限责任公司因房屋出租合同纠纷一案中担任甲方的第一审诉讼代理人。

第二条　委托代理权限

甲方委托乙方律师的代理权限：

1. 一般代理；

2. 特别代理，包括下列第C、D、H项。

A. 变更或者放弃诉讼请求；B. 承认诉讼请求；C. 提起反诉；D. 进行调解或者和解；E. 提起上诉；F. 申请执行；G. 收取或者收转执行标的；H. 签署、送达、接受法律文书等。

第三条　乙方的义务

1. 乙方委派哈达律师作为上述案件中甲方的委托代理人，乙方如需更换代理律师应取得甲方认可；

2. 乙方律师应当以其依据的法律对案件作出判断，向甲方进行法律风险提示，尽最大努力维护甲方利益；

3. 乙方律师应当根据审理机关的要求，及时提交证据，按时出庭，并应甲方要求通报案件进展情况；

4. 乙方律师对其获知的甲方的商业机密或甲方的个人隐私负有保密责任，非由法律规定或者甲方同意，不得向任何第三方披露。

第四条 甲方的义务

1. 甲方应当真实、详尽和及时地向乙方律师叙述案情,提供与委托代理事项有关的证据、文件及其他事实材料;甲方应当积极、主动地配合乙方律师的工作,甲方对乙方律师提出的要求应当明确、合理、合法;甲方应当按时、足额向乙方支付律师代理费和工作费用;

2. 甲方有责任对委托代理事项作出独立的判断、决策,甲方根据乙方律师提供的法律意见、建议、方案所作出的决定而导致的损失,若非因乙方律师过错引起,则由甲方自行承担。

第五条 代理费用

1. 甲方向乙方支付律师代理费7100元人民币,自本合同签订后5日内支付。

2. 乙方律师办理甲方委托事项所发生的下列办案费用,应当由甲方承担:

(1) 相关行政部门、司法机关、鉴定机构、公证处等部门收取的费用;

(2) 在乙方从事与甲方业务有关的活动中发生的翻译、文印、交通、通信、差旅等费用;

(3) 征得甲方同意后支出的其他费用。

上述办案费采取预付的形式由甲方预付乙方3000元人民币,由主办律师持费用使用清单及有效凭证据实报销,多退少补;或以费用包干的形式一次性支付。乙方律师应当本着节俭的原则合理使用办案费用。

第六条 合同的解除

甲乙双方经协商同意,可以变更或者解除本合同。乙方有下列情形之一的,甲方有权解除合同:

1. 未经甲方同意,擅自更换代理律师的;

2. 因乙方律师工作延误、失职、失误导致甲方蒙受损失的;

3. 违反本合同第三条规定的义务之一的。

甲方有下列情形之一的,乙方有权解除合同:

1. 甲方的委托事项违反法律或者违反律师执业规范的;

2. 甲方有捏造事实、伪造证据或者隐瞒重要情节等情形的;

3. 甲方逾期10日仍不向乙方支付律师代理费或者工作费用的。

第七条 违约责任

1. 乙方无正当理由不提供第一条规定的法律服务或者违反第三条规定的义务,甲方有权要求乙方退还部分或者全部已付的律师代理费;

2. 乙方律师因工作延误、失职、过错导致甲方蒙受损失的,乙方应当向甲方承担赔偿责任;

3. 甲方无正当理由不支付律师代理费或者工作费用,或者无故终止合同,乙方有权要求甲方支付未付的律师代理费和未报销的工作费用以及延期支付的利息;

4. 非因乙方或乙方律师的原因,导致合同终止的,甲方不得要求乙方退费。

第八条 争议的解决

甲乙双方如果发生争议,应当友好协商解决。如协商不成,任何一方均有权将争议提交石家庄仲裁委员会进行仲裁。

第九条 合同的生效

本合同正本一式三份,甲方执一份,乙方执两份,自双方签字盖章之日起生效,至乙方完成甲方所委托的代理事项时止。

甲方:马桥　　　　　　　　　　　乙方:河北新兴律师事务所
　　　　　　　　　　　　　　　　　　　　（公章）
　　　　　　　　　　　　　　　　　二〇〇九年十一月九日

(二)签署《授权委托书》

《授权委托书》是律师承办案件获得代理权的必要前提。委托人应签署《授权委托书》一式三份,一份由委托人保存,一份交受理案件的法院,一份交由承办案件的律师附卷存档。

委托人签署《授权委托书》时,应当记明具体的委托事项和权限,委托权限应注明是一般授权还是特别授权。一般授权的事项为:收集、提供证据;参与证据交换;代为申请回避;代为陈述案情;参与庭审调查、进行辩论、陈述最后意见;核对庭审笔录等应在《授权委托书》中写明,但实践中往往只注明一般代理。以下代理权需要特别授权:变更或者放弃诉讼请求、承认诉讼请求、提起反诉、进行调解或者和解、提起上诉、申请执行、收取或者收转执行标的、签收法律文书等。委托中的特别授权是诉讼行为涉及实体权利的处分时,委托人必须在《授权委托书》中特别注明,没有注明的,受委托人的行为没有法律效力,授权以后由此产生的法律责任由委托人承担。

授权委托书范例如下。

授权委托书(个人)

委托人:陈年,男,汉族,个体工商户,住石家庄市新华区解放路27号,邮编:050081,电话:1363312××××,身份证号码1301041965×××××××。

受委托人:刘一水,河北西京律师事务所律师。

因本人诉龙腾汽车有限责任公司买卖合同纠纷一案,现委托刘一水律师作为本人的代理人,参与本案诉讼活动,其代理权限为一般代理。

本授权书的效力自即日起至本案一审终结时止。

　　　　　　　　　　　　　　　　　　　　委托人:陈年
　　　　　　　　　　　　　　　　　　　　二〇一〇年七月八日

> **授权委托书（单位）**
>
> 委托人：××有限责任公司
> 住址：北京市××区××街31号，邮编：100088；
> 联系电话：010-8987××××。
> 法定代表人：张青，男，该公司总经理。
> 受委托人：胡琴，北京志远律师事务所律师。
> 受委托人：杨浩，北京志远律师事务所律师。
> 　　因我方诉××股份有限公司买卖合同纠纷一案，现委托胡琴律师、杨浩律师作为我方的代理人，参与本案诉讼活动。其代理权限为：一般代理。
> 　　本授权书的效力自即日起至本案一审终结时止。
> 　　　　　　　　　　　　　委托人：××有限责任公司（公章）
> 　　　　　　　　　　　　　　　法定代表人：张青
> 　　　　　　　　　　　　　　　二〇〇九年五月七日

（三）出具《律师事务所函》

律师事务所出具《律师事务所函》，《律师事务所函》是证明律师参加民事诉讼身份情况的法律文书，是确认律师在民事诉讼活动中资格身份的依据。由承办律师呈送受理案件的法院。

《律师事务所函》的格式要求，应把律师事务所的收案编号、主送法院、案由、审级、委托方、律师姓名填写清楚，应将授权委托书作为律师事务所函的附件。

律师事务所函范例如下。

> **河北永辉律师事务所函**
> （2010）年冀（永）律民代字第085号
>
> 石家庄市××区人民法院：
> 　　贵院受理的程山诉周建人身损害赔偿纠纷一案，本所接受周建的委托，指派曹明律师担任其诉讼代理人，代理第一审诉讼。
> 　　特此函告。
> 　　　　　　　　　　　　　河北永辉律师事务所（印章）
> 　　　　　　　　　　　　　　　二〇一〇年八月十日
> 附：授权委托书1份。

（四）根据案情需要办理调查证明

当事人提供证据后，还有需要进一步调查的证据，就要办理调查证明，调查证明的格式包括首部、内容、尾部。律师事务所保留调查专用证明存根。

调查证明范例如下。

律师事务所调查专用证明

编号 035

白山集团股份有限公司：

兹指派本所律师孙正新赴你处，通过财务处调查了解如下事项：

你公司职工苗全有 2008 年度的工资及奖金收入情况。

请予支持。

佳信律师事务所（印章）

二〇〇九年五月十一日

本证明有效期到 2009 年 6 月 11 日止

（五）缴费

委托人依照《律师服务收费管理办法》的规定和《委托代理合同》的约定向律师事务所缴纳代理费用。

实训项目二 原告起诉

起诉是指公民、法人或者其他组织在自身民事权益受到侵害或者与他人发生争议时,依法向人民法院提出诉讼请求,要求人民法院通过行使国家审判权予以司法保护其合法权益的诉讼行为。起诉必须符合下列条件:1.原告是与本案有直接利害关系的公民、法人和其他组织;2.有明确的被告;3.有具体的诉讼请求、事实和理由;4.属于人民法院受理民事诉讼的范围和受诉人民法院管辖。

岗位技能

1. 撰写起诉状   2. 调查取证   3. 提起诉讼

岗位要求

1. 要求学生掌握民事起诉状的撰写格式与写作技巧。
2. 要求学生了解调查取证的途径,掌握取证方式和具体要求。
3. 要求学生了解提起诉讼的具体步骤、材料的准备和起诉手续的办理。

工作任务

一、撰写诉状

(一) 被告的确定

当事人向法院起诉,要求维护或保障自己的合法权益,首先要确定适格的被告。民事诉讼中的被告是被诉称侵犯原告民事权益或与原告发生民事权益争议,并被人民法院通知应诉的人。《中华人民共和国民事诉讼法》(以下简称《民事诉讼法》)第49条规定:"公民、法人和其他组织可以作为民事诉讼的当事人。法人由其法定代表人进行诉讼。其他组织由其主要负责人进行诉讼。"在民事诉讼中,公民、法人和其他组织都可以作为民事诉讼的当事人,即都可以作为原告起诉或被告应诉。这其中以法人和其他组织作为被告的情形较为复杂。

1. 法人作为被告的情形

法人是具有民事权利能力和民事行为能力,依法独立享有民事权利并承担民事义务的组织。法人作为民事诉讼的当事人,由其法定代表人进行诉讼。根据《最高人民法院关于适用〈中华人民共和国民事诉讼法〉若干问题的意见》第38条、第39条、第

41条、第42条、第50条、第51条,《民事诉讼法》第5条的规定,对法人做被告的要注意以下几种情况:

(1) 诉讼中,法人的法定代表人更换的,由新的法定代表人继续进行诉讼;

(2) 法人非依法设立的分支机构,或者虽依法设立,但没有领取营业执照的分支机构,以设立该分支机构的法人为当事人;

(3) 法人或其他组织的工作人员因职务行为或者授权行为发生的诉讼,该法人或其他组织为当事人;

(4) 企业法人合并的,因合并前的民事活动发生的纠纷,以合并后的企业为当事人;企业法人分立的,因分立前的民事活动发生的纠纷,以分立后的企业为共同诉讼人;

(5) 企业法人未经清算即被撤销,有清算组织的,以该清算组织为当事人,没有清算组织的,以作出撤销决定的机构为当事人。

2. 其他组织作为被告的情形

根据《最高人民法院关于适用〈中华人民共和国民事诉讼法〉若干问题的意见》第40条的相关规定,能够在民事诉讼中成为原告或被告的其他组织,必须是合法成立、有一定的组织机构和财产,但又不具备法人资格的组织,包括:

(1) 依法登记领取营业执照的私营独资企业、合伙组织;

(2) 依法登记领取营业执照的合伙型联营企业;

(3) 依法登记领取我国营业执照的中外合作经营企业、外商独资企业;

(4) 经民政部门核准登记领取社会团体登记证的社会团体;

(5) 法人依法设立并领取营业执照的分支机构;

(6) 中国人民银行、各专业银行设在各地的分支机构;

(7) 中国人民保险公司设在各地的分支机构;

(8) 经核准登记领取营业执照的乡镇、街道、村办企业;

(9) 符合该条规定条件的其他组织。

其他诸如企业下属的部门、车间,单位内部的工会、科室,大学的系部、团组织等均不具有独立的民事主体资格,因而不能成为民事诉讼中的被告。其他组织在参与民事诉讼活动时,要以其主要负责人为代表人,代表人的确定及参加诉讼活动的方式等,适用法人的法定代表人的有关规定。

3. 追加被告

现代社会生活中,民事活动主体日益多元化,这直接导致多数民事纠纷案件主体日益复杂化,原告错列被告、漏列被告、滥列被告等程序性问题时有发生。那么实践中,如果原告方已经提交了起诉状,又发现漏列了被告,原告方可以向人民法院申请追加被告。

当事人追加被告申请书范例如下。

> **追加被告申请书**
>
> 申请人:谢垣,男,汉族,1969年11月1日出生,住河南省驻马店市马甸街267号,电话139×××××××××;
> 被申请人:河南省驻马店市阳光发展物业公司
> 住址:驻马店市运河路祥云大厦A区12楼,电话:×××××××××
> 法定代表人:刘云,职务:总经理;
>
> 申请事项
>
> 依法追加被申请人河南省驻马店市阳光发展物业公司为本案被告参加诉讼。
>
> 事实与理由
>
> 在申请人诉被告驻马店市大运房地产开发公司人身损害赔偿纠纷一案中,被申请人阳光发展物业公司作为"西苑花园"物业的实际管理人和受益人,应与被告大运房地产开发公司一起,对原告的人身损害赔偿负连带责任。因此,被申请人阳光发展物业公司与本案正在进行的诉讼,具有法律上的直接利害关系。根据《中华人民共和国民事诉讼法》第119条的规定,特申请追加被申请人阳光发展物业公司为本案被告参加诉讼。
>
> 此致
> 驻马店市南和区人民法院
>
> 申请人:谢垣
2009年10月22日

(二)诉讼请求的确定

民事诉讼的诉讼请求是指原告想要通过诉讼达到的目的。诉讼请求的提出是起诉的一项基本要求,运用技巧和策略提出适当的诉讼请求,对原告来说至关重要,只有合法合理、妥当准确的诉讼请求,才能得到法院的认同,从而正常启动诉讼程序,提高诉讼效率,避免诉讼成本的提高及诉讼期限的加长。

1. 诉讼请求的种类

民事纠纷的内容、性质不同,法律责任的承担方式当然不同,那么相对应的诉讼请求也就有所不同。按照当事人诉讼请求的目的和内容不同,诉讼请求可以分为给付之诉、确认之诉和变更之诉。在具体案件的处理中,确认之诉与给付之诉往往有着密切的联系,主要是在于确认之诉对给付之诉有预决意义,也就是说给付请求的成立是以法律行为有效为前提条件的,即使是给付之诉的案件,法院也要首先确认原被告之间的关系,然后才能对给付之诉作出判决。具体案件中,在被告的选定时,首先要明确涉及的各方当事人的关系。

2. 诉讼请求的项目和数额如何确定

当事人提起诉讼时要有明确、具体的诉讼请求事项。法院审理民事案件时,是以当事人主张的事实和提出的请求来决定责任承担的方式,以当事人主张的法律关系来作出相应的裁判。如果当事人提出的诉讼请求不适当,就要承担较大的诉讼风险。除非法院认为必须审理当事人诉讼请求范围以外的案件事实或争议时,否则不能主动扩大审理的范围。

诉讼请求的项目不宜过多,应当是与案件有直接关系的请求。否则,在诉讼中会失去重点,导致增加庭审负担,增强与被告的对抗性,反而得不偿失。

给付之诉中请求的数额也并非越多越好。司法实践中,特别是人身损害赔偿纠纷、精神损害赔偿纠纷、人身权侵权纠纷中,经常看到当事人提出过多的赔偿数额要求。殊不知,诉讼请求数额的增加直接导致诉讼费用的增加,如果原告请求的给付数额没有得到法院的完全支持,原告将要按照比例承担过多的诉讼费用,这实际不仅没有达到预期的目的,反而提高了诉讼成本,增加了自己的负担。因此,诉讼中请求的具体事项以及数额在提出时要把握好分寸。

3. 提起诉讼请求的方式

实践中,诉讼请求的提出包括以下几种方式:确认之诉、变更之诉直接提出要求确认或变更的内容,一般无数额的要求;给付之诉有以提交起诉状之日止计算并提出请求数额,也有只表明计算方式,不写清具体金额的。

4. 诉讼请求的变更和增加

当事人在起诉之后,遇有情况变化可以变更或增加诉讼请求。根据《最高人民法院关于民事诉讼证据的若干规定》第34条第3款的规定,当事人增加、变更诉讼请求或者提起反诉的,一般应当在举证期限届满前提出。

变更或增加诉讼请求没有固定的格式,但须向原受诉人民法院提出书面申请,以便于人民法院附卷归档。其中,增加诉讼请求是对原起诉状的补充,要表明原起诉状是怎么要求的,现在还要补充哪些内容。如果原起诉状有遗漏,就需要把遗漏的要求写明确和具体。事实和理由部分要围绕新补充的诉讼请求,并针对补充的请求写清事实,特别注意不要与原起诉状已列明的事实重复。在主要事实部分之后,列明有关证据。阐明理由时要根据事实,对照法律规定,明确提出自己的要求。

当事人增加诉讼请求申请书范例如下。

增加诉讼请求申请书

申请人:张天来,男,满族,1978年10月12日出生,住四川省成都市新城区天府镇天府花园4-1302。

申请事项:在原诉讼请求的基础上增加请求被告赔偿原告伤残赔偿金23000元。

事实和理由:

2008年8月12日16时,原告张天来与被告李丹在新城区天府镇天府花园门口发生交通事故,成都市公安局公安交通局新城交通支队作出的第08412××号交通事故认定书,认定:被告负全部责任,原告没有责任。原告因交通事故受伤致残,伤残等级鉴定为五级。因伤残鉴定结果才出来,原诉讼请求中没有请求伤残赔偿金的项目,故被告应对此给予原告伤残赔偿金。现根据《中华人民共和国民事诉讼法》第126条、《最高人民法院关于适用〈中华人民共和国民事诉讼法〉若干问题的意见》第156条的规定,特向法院申请增加前列诉讼请求,请求法院合并审理。

此致
成都市新城区人民法院

申请人:张天来
2008年9月24日

附:申请书副本1份。

(三) 起诉状的撰写要求

民事起诉状是公民、法人或其他组织,在认为自己的合法权益受到侵害或者与他人发生争议时或者需要确权时,向人民法院提交的请求人民法院依法裁判的法律文书,是受诉法院对案件进行审理的基础和依据。特别是对于原告来说,起诉状内容是否完整、形式是否符合法律要求,是决定法院能否立案审理的关键。当事人向人民法院递交民事起诉状,人民法院经审查并决定受理后,就将引起民事诉讼程序。因而,民事起诉状是当事人行使起诉权,请求国家司法救济的途径;是人民法院受理民事案件,予以立案、受理的凭证;是被告应诉答辩的依据。撰写起诉状应当根据当事人的诉讼目的,结合现有的事实和证据进行。

起诉状由首部、诉讼请求、事实与理由、尾部及附项五部分组成,应当载明以下内容。

1. 首部

正文居中写民事起诉状,然后写原被告双方当事人的基本情况。书写的顺序为先原告、后被告、再第三人。当事人基本情况包括姓名、性别、年龄、民族、籍贯、职业、工作单位、住址、邮编和联系电话等。当事人是法人或其他组织的,则要写清楚单位名称、地址,法定代表人姓名及职务等信息。原告方有诉讼代理人的,就在原告的下一项写明诉讼代理人的姓名、职务以及与原告的关系。被告栏的事项和写法与原告栏的事项和写法相同,此略。如果原告并不完全清楚知悉被告的情况时,则允许原告列明知情的信息。

2. 诉讼请求

诉讼请求是原告起诉要达到的目的。民事诉讼中,人民法院是根据原告的请求来审理案件的,因而诉讼请求就直接决定着案件适用的法律和原告实体权利的实现。诉讼请求部分要明确、合法、具体,应根据事实和法律,慎重地提出请求,切忌含糊、笼统,更不可无视事实和法律提出无理或非法的要求。撰写起诉状时,如有多项诉讼请求,应一一列明,不能以一项请求代替其他几项请求,条理不清。

3. 事实和理由

事实和理由包括纠纷的由来、发生、发展以及双方当事人争执的焦点与分歧；纠纷的性质、所造成的后果、双方当事人应承担的责任以及证据三个大的方面。事实和理由部分是民事起诉状的正文和核心部分，是请求人民法院裁决当事人之间权益纠纷和争议的重要根据，结构上先写事实，后写理由。一般来说事实部分的叙述应详略得当，不可对一些事实写得太详尽、太具体，把对自己有利无利的事实都毫无保留地抛出，该详尽具体的一定要详尽具体，该模糊的一定要模糊，至于其他有关的事实，原告可在庭审调查中补充、质证。事实部分要写明被告侵权行为的具体事实或当事人双方争执的具体内容，以及被告人所应承担的责任。事实部分之后要注明证据，包括人证、物证、书证及其他足以证明原告起诉有理的证据，其中要将证人的姓名和住所，书证、物证的来源及由谁保管等明确写出，并向法院提供复印件，以便调查。而理由部分，就是根据事实和证据，写明认定被告侵权或违法行为的性质和所造成的后果及应承担的责任；同时写明提出请求的政策和法律依据，但必须注意援引法律应准确、适当。当然，对于案情简单的，事实和理由可以合写，边叙述事实边阐述理由。

4. 尾部

尾部在"事实与理由"之后，紧接着分两行写明"此致"和受诉的法院"×××人民法院"。"此致"前空两格，"×××人民法院"则应顶格写，然后另起一行写具状人，由具状人签名或者盖章，并注明具状的年、月、日。要写明当事人的姓名或名称而不是诉讼代理人的姓名。如果起诉状是委托律师代书的，还要在起诉日期下写明代书律师的姓名及其所在律师事务所名称。

5. 附项

附项中要写明起诉状副本份数和书证件数。

当事人为自然人时的民事起诉状范例如下。

民事起诉状

原告：张莉，女，1979 年 6 月 12 日出生，汉族，无职业，现居住于石家庄市静安区乐怡园 8 号楼 2 实训项目 301 室，电话：×××××××。

委托代理人：廖小可，××律师事务所律师，电话：×××××××。

被告：侯飞，男，1977 年 8 月 24 日出生，汉族，个体，现居住于石家庄市静安区乐怡园 8 号楼 2 实训项目 301 室，电话：×××××××。

诉讼请求

1. 请求法院判决解除双方婚姻关系；
2. 婚生子女侯乐由原告抚养，被告每月支付 1000 元抚养费直至侯乐能够独立生活为止；
3. 被告对原告人身伤害进行赔偿，住院费、交通费、护理费、营养费等共计 10000 元，精神损害赔偿 50000 元；
4. 被告与他人同居，要求进行精神损害赔偿 50000 元；
5. 财产依法进行分割；
6. 被告承担本案的全部诉讼费用。

事实和理由

我于2001年4月经朋友介绍与被告相识，双方感觉不错，在交往近一年之后，于2002年自愿办理了结婚登记，婚后生一子侯乐，2003年8月27日出生。

我与被告在婚前了解深入，婚后感情一直较好。但是从2005年开始，被告突然变得多疑，经常怀疑我与异性同事、邻居、朋友关系不正常，从最初的讽刺挖苦到之后的拳打脚踢。亲戚朋友有过多次劝阻，但是被告不为所动。更令人伤心的是，被告在外与他人有不正当的男女关系，没有尽到夫妻之间应有的忠实义务，严重伤害了夫妻感情。自2006年开始，被告经常借口不回家在外居住，且对我和孩子不闻不问。由于无法忍受这种没有感情、痛苦的夫妻生活，我曾于2007年4月12日向被告提出协议离婚，但被告却不同意离婚，不仅如此，反倒对我实施家庭暴力，我因此身体多处受伤而住院。

这两年以来，因为被告不履行夫妻之间互相忠实、互相尊重的义务，且多次实施家庭暴力，严重伤害了夫妻感情，致使我们之间感情已经完全破裂，双方积怨已深，不能再继续共同生活，因此应当结束这段婚姻。侯乐系我与被告的婚生子女，为照顾他我从怀孕之后就辞职，从出生即与我一直生活在一起，近两年来被告从未关心和照顾过儿子的生活，为有利于未成年人的健康成长，应继续由我抚养为宜。被告收入不菲，且我已多年没有工作没有收入，被告每月支付儿子侯乐1000元生活费直至其能够独立生活为止。夫妻共同财产房产3套、轿车一辆以及银行存款176万元平均分割。

另外，由于被告对我的暴力行为，使我遭受到严重的人身伤害，请求被告赔偿我住院费、交通费、护理费、营养费等共计10000元，精神损害赔偿50000元；

此外，被告在夫妻关系存续期间与他人同居，致使夫妻感情破裂，要求被告依法赔偿我精神损害50000元。

此致

石家庄市静安区人民法院

具状人：张莉
2007年10月15日

附：1. 本状副本一份；
  2. 证据材料及目录。

当事人为法人时的民事起诉状范例如下。

民事起诉状

原告：华山市远华房地产开发公司

住址：华山市北城区46号，电话：××××××××。

法定代表人：陈晨，公司经理。
委托代理人：罗利，华山市天平律师事务所律师，电话：×××××××。
被告：华山市富民商业股份有限公司
住址：华山市新都区西街56号，电话：×××××××。
法定代表人：吴胜利，公司经理。

诉 讼 请 求

1. 被告给付工程欠款人民币伍拾万元整；
2. 被告支付逾期付款的违约金壹拾万元整；
3. 被告承担全部诉讼费用。

事实和理由

2007年10月12日，原、被告双方经协商一致订立建筑装饰工程承包合同，约定由原告对被告所有的某写字楼进行装饰工程装修。工期自2007年11月1日至2009年3月1日止。工程总承包费用100万元。被告于合同订立第二日付款30万元，全部工程完工后5日内付清剩余工程款70万元。

合同生效后，原告依约按质量地完成施工，经被告验收后完全符合要求，并于2009年3月1日交付使用。但是被告仅付款50万元，其余部分虽经原告多次催付，但被告却以各种理由拖延，拒不支付。

原告认为，被告的行为已经严重违背了双方的合同约定，构成了明显的违约行为，且给原告造成了经济损失，损害了原告的合法权益。按照《中华人民共和国合同法》第20条之规定和《中华人民共和国合同法》第109条之规定，起诉至贵院，请求依法判决，保护原告的合法权益。

此致
华山市新都区人民法院

具状人：华山市远华房地产开发公司（盖章）
法定代表人：陈晨
2009年9月4日

附：1. 本诉状副本1份；
　　2. 证据材料及目录。

二、调查取证

（一）证据的收集、整理

俗话说"打官司就是打证据"。法院审理案件应以事实为根据，以法律为准绳。根据民事诉讼中"谁主张，谁举证"的举证原则，通常原告要对自己主张的事实承担举证责任，被告反驳时如提出相反事实则需要就自己所提出的事实部分举证予以证明。在开庭审理前，原被告双方应协商确定举证期限并经法院批准或由法院指定举证期限。

虽然原被告双方应在举证期限内任何时候都可以提交证据,但原告在立案时需提交必要的证据材料。这些证据材料通常包括证明主体资格方面的证据和证明案件事实的基本证据。如有证人需要出庭作证,应编制证人名单,并说明拟证明的事实,在举证期限届满前10日将《证人出庭作证申请书》及证人名单递交人民法院并附上证人的相关信息,包括证人的姓名、年龄、性别、文化程度、职业、工作单位、详细地址、证明事项、证明目的、联系电话等。

证据的收集途径通常包括:当事人提供、代理人调查收集、申请法院依职权调查收集等。向法院提起诉讼之前,首先要对现有的证据从以下几个方面进行审查:

1. 证据的内容和形式;
2. 证据的来源、获取方式;
3. 证据形成的时间、地点和周围环境;
4. 各证据相互间的关系;
5. 证据提供者的基本情况;
6. 证据提供者与本案或本案当事人的关系;
7. 证据的合法性和客观性;
8. 证据与本案待证事实的关联性。

符合《民事诉讼法》第64条、《最高人民法院关于民事诉讼证据的若干规定》第17条规定的,还可以申请法院调查收集证据,但应于举证期限届满前7日提交《调查收集证据申请书》。

(二)证据目录的编制

在审查收集到的证据同时,对证据进行编号,编制证据目录。

民事诉讼证据目录范例如下。

民事诉讼证据目录

案由:郭静诉何杰离婚纠纷

序号	证据	性质	来源	证明目的	页码
1	110接出警记录	书证	保定市公安局静安分局巡警大队	被告实施暴力	1
2	费宇证言	证人证言	调查	被告实施暴力	2
3	照片	书证	原告拍摄	被告与他人同居	3—7
4	谈话录音	视听资料	原告录制	被告与他人同居	另附
5	病历	书证	保定市第一医院	被告实施暴力	8
6	收费单据	书证	平海市第一医院	原告医疗费	9—10
7	损伤鉴定	书证	保定市公安局	被告实施暴力	11

提交人:郭静　　　　　　　　　　　　　　　　接收人:王晓雪

提交日期:二〇〇八年十月十五日

三、提起诉讼

(一) 管辖法院的选择

民事诉讼中的管辖是各级人民法院之间和同级人民法院之间受理第一审民事案件的分工和权限,它是要在人民法院内部具体确定特定的民事案件由哪个人民法院行使民事审判权。我国采取四级二审制,各级人民法院存在着职能分工的不同,在解决了某一纠纷属于法院民事诉讼受案范围的问题后,接着就需要把案件分配到具体相关的人民法院。从程序上来说,就是要根据各级人民法院受理第一审民事案件的权限范围,在不同级别的人民法院之间进行分配。

1. 管辖的种类

根据取得管辖权的依据不同,管辖可分为法定管辖和裁定管辖。其中法定管辖又分为级别管辖和地域管辖,地域管辖中又有一般地域管辖、特殊地域管辖;裁定管辖又涉及移送管辖、指定管辖和管辖权转移(参见图 2-1)。根据管辖案件人民法院的级别高低,又有级别管辖之分(参见图 2-2)。

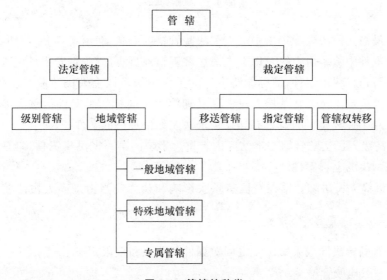

图 2-1 管辖的种类

2. 级别管辖

级别管辖要解决的是上下级人民法院之间的分工。《民事诉讼法》第 18 条至第 21 条对级别管辖作了明确的规定:

(1) 基层人民法院管辖除另有规定以外的所有第一审民事案件;

(2) 中级人民法院管辖三类第一审民事案件:

一是重大涉外案件;注意并非所有的涉外案件都是由中级人民法院管辖,只有争议标的额大,或者案情复杂,或者居住在国外的当事人人数众多的涉外案件才由中级人民法院管辖,其他一般的涉外案件是由基层人民法院管辖的。

二是在本辖区有重大影响案件;这类案件要么是诉讼标的额大,要么是诉讼单位为省、自治区、直辖市以上。

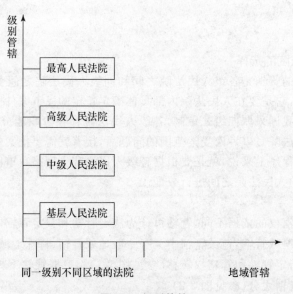

图 2-2 级别管辖

三是最高人民法院确定由中级人民法院管辖的海事、海商案件,专利纠纷案件(著作权纠纷案件中除了由中级及以上人民法院管辖外,还可以确定若干基层人民法院受理第一审著作权纠纷案件;商标纠纷案件除了由中级及以上人民法院管辖外,还可以在较大城市确定1至2个基层人民法院受理第一审商标纠纷案件),重大涉港、澳、台案件以及对于仲裁协议的效力有异议请求法院作出裁决的案件。

(3)高级人民法院管辖在本辖区内有重大影响的第一审民事案件,审理不服中级人民法院判决的上诉案件;

(4)最高人民法院管辖在全国有重大影响和认为应当由最高人民法院审理的两类案件。

3.地域管辖

地域管辖解决同级人民法院之间对案件的分工和权限。

(1)一般地域管辖

根据《民事诉讼法》第22条的规定,一般地域管辖实行"原告就被告"的原则,也就是说民事诉讼以被告住所地人民法院管辖,这是地域管辖中的原则性规定。需要注意的是,被告是公民的,由被告住所地人民法院管辖,当其住所地与经常居住地不一致时,由经常居住地人民法院管辖;而被告是法人或其他组织的,由被告住所地,也就是主要办事机构或主要营业所所在地人民法院管辖,没有办事机构的,由注册登记地人民法院管辖。

司法实践中,被告由原户籍所在地迁出后,迁入异地前,有经常居住地的,由该地人民法院管辖。没有经常居住地的,户籍迁出不足1年的,仍由原户籍所在地人民法院管辖;超过1年的,由居住地人民法院管辖。对于没有办事机构的公民合伙或者合伙型联营体提起的诉讼,由被告注册登记地人民法院管辖;没有注册登记的,几个被告又不在同一辖区的,由被告住所地人民法院管辖。

根据《最高人民法院关于适用〈中华人民共和国民事诉讼法〉若干问题的意见》第6条、第8条、第11条、第12条、第16条、第17条、第18条的规定，下列诉讼也应按照"原告就被告"原则确定管辖：

① 原被告双方均被注销城镇户口的，由被告居住地的人民法院管辖；

② 双方当事人都被监禁或被劳动教养的，由被告原住所地人民法院管辖。被告被监禁或被劳动教养1年以上的，由被告被监禁地或被劳动教养地人民法院管辖；

③ 离婚诉讼双方当事人都是军人的，由被告住所地或者被告所在的团级以上单位驻地的人民法院管辖；

④ 夫妻双方离开住所地超过1年，一方起诉离婚的案件，由被告经常居住地人民法院管辖；

⑤ 中国公民双方在国外但未定居，一方向人民法院起诉离婚的，应由原告或者被告原住所地的人民法院管辖；

⑥ 对没有办事机构的公民合伙、合伙型联营体提起的诉讼，由被告注册登记地人民法院管辖。没有注册登记，几个被告又不在同一辖区的，被告住所地的人民法院都有管辖权；

⑦ 因合同纠纷提起的诉讼，如果合同没有实际履行，当事人双方住所地又都不在合同约定的履行地的，应由被告住所地人民法院管辖。

但是，在特殊的情况下，"原告就被告"原则无法适用，或者适用起来对当事人起诉、应诉，对法院审理极为不便，因而《民事诉讼法》第23条、《最高人民法院关于适用〈中华人民共和国民事诉讼法〉若干问题的意见》第9条至第16条对此进行了变通，即实行"被告就原告"原则，由原告住所地人民法院管辖，原告住所地与经常居住地不一致的，由原告经常居住地人民法院管辖：

① 对不在中华人民共和国领域内居住的人提起的有关身份关系的诉讼；对下落不明或者宣告失踪的人提起的有关身份关系的诉讼；对被劳动教养的人提起的诉讼；对被监禁的人提起的诉讼；

② 追索赡养费案件的几个被告住所地不在同一辖区的，可以由原告住所地人民法院管辖；

③ 不服指定监护或变更监护关系的案件，由被监护人住所地人民法院管辖；

④ 非军人对军人提出的离婚诉讼，如果军人一方为非文职军人，由原告住所地人民法院管辖；

⑤ 夫妻一方离开住所地超过1年，另一方起诉离婚的案件，由原告住所地人民法院管辖。夫妻双方离开住所地超过1年，一方起诉离婚的案件，由被告经常居住地人民法院管辖；没有经常居住地的，由原告起诉时居住地的人民法院管辖；

⑥ 在国内结婚并定居国外的华侨，如定居国法院以离婚诉讼须由婚姻缔结地法院管辖为由不予受理，当事人向人民法院提出离婚诉讼的，由婚姻缔结地或一方在国内的最后居住地人民法院管辖；

⑦ 在国外结婚并定居国外的华侨，如定居国法院以离婚诉讼须由国籍所属国法院管辖为由不予受理，当事人向人民法院提出离婚诉讼的，由一方原住所地或在国内的最后居住地人民法院管辖；

⑧ 中国公民一方居住在国外,一方居住在国内,不论哪一方向人民法院提起离婚诉讼,国内一方住所地的人民法院都有权管辖。如国外一方在居住国法院起诉,国内一方向人民法院起诉的,受诉人民法院有权管辖;

⑨ 中国公民双方在国外但未定居,一方向人民法院起诉离婚的,应由原告或者被告原住所地的人民法院管辖。

(2) 特殊地域管辖

特殊地域管辖是以引起诉讼的法律事实所在地或诉讼标的所在地为标准确定的管辖。按照《民事诉讼法》及司法解释的相关规定,特殊地域管辖适用于以下几种情况。

① 因合同纠纷提起的诉讼,由被告住所地或者合同履行地人民法院管辖。

因合同纠纷提起的诉讼,如果合同没有实际履行,当事人双方住所地又都不在合同约定的履行地的,应由被告住所地人民法院管辖。

合同的双方当事人可以在书面合同中协议选择被告住所地、合同履行地、合同签订地、原告住所地、标的物所在地人民法院管辖,但不得违反级别管辖和专属管辖的规定。

② 因保险合同纠纷提起的诉讼,由被告住所地或者保险标的物所在地人民法院管辖。

③ 因票据纠纷提起的诉讼,由票据支付地或者被告住所地人民法院管辖。

④ 因铁路、公路、水上、航空运输和联合运输合同纠纷提起的诉讼,由运输始发地、目的地或者被告住所地人民法院管辖。

⑤ 因侵权行为提起的诉讼,由侵权行为地(包括侵权行为实施地和侵权结果发生地)或者被告住所地人民法院管辖。

⑥ 因铁路、公路、水上和航空事故请求损害赔偿提起的诉讼,由事故发生地或者车辆、船舶最先到达地、航空器最先降落地或者被告住所地人民法院管辖。

⑦ 因船舶碰撞或者其他海事损害事故请求损害赔偿提起的诉讼,由碰撞发生地、碰撞船舶最先到达地、加害船舶被扣留地或者被告住所地人民法院管辖。

⑧ 因海难救助费用提起的诉讼,由救助地或者被救助船舶最先到达地人民法院管辖。

⑨ 因共同海损提起的诉讼,由船舶最先到达地、共同海损理算地或者航程终止地的人民法院管辖。

在地域管辖中,有两个知识内容需要特别注意:第一,如果一个纠纷属于侵权和违约竞合,则分别按照合同纠纷和侵权纠纷确定起诉的管辖人民法院;第二,确定合同纠纷管辖的步骤:是否存在专属管辖;是否存在协议管辖;专属管辖和协议管辖都没有的话按照合同纠纷的一般规定确定管辖。

(3) 专属管辖

专署管辖是法律规定某些特殊类型的案件只能由特定的人民法院管辖。注意,当事人不得以协议的形式改变专属管辖。

国内专属管辖的案件有三类:① 因不动产纠纷提起的诉讼,由不动产所在地人民法院管辖;② 因港口作业发生纠纷提起的诉讼,由港口所在地人民法院管辖;③ 因继承遗产纠纷提起的诉讼,由被继承人死亡时住所地或者主要遗产所在地人民法院管辖。

海事法院的专属管辖有三类:① 因沿海港口作业纠纷提起的诉讼;② 因船舶排放、泄漏、倾倒油类或其他有害物质,海上生产、作业或者拆船、修船作业造成海域污染损害提起的诉讼;③ 因在中华人民共和国领域和有管辖权的海域履行的海洋勘探开发合同纠纷提起的诉讼。

涉外案件专属管辖:在中华人民共和国履行中外合资经营企业、中外合作经营企业以及中外合作勘探开发自然资源合同发生纠纷提起的诉讼,必须由我国人民法院管辖。

4. 裁定管辖

(1) 移送管辖

移送管辖是人民法院受理民事案件后,发现自己对案件没有管辖权,依法将案件移送给有管辖权的人民法院审理的制度。适用移送管辖需要注意几点:① 移送的理由是对案件没有管辖权;② 为提高案件受理的效率,移送管辖只能进行一次;③ 受移送的人民法院即使认为自己对移送来的案件没有管辖权,也不得再进行移送或退回,只能报请自己的上级人民法院指定管辖;④ 管辖恒定问题,有管辖权的人民法院受理案件之后,管辖权不受当事人住所地、经常居住地变更、行政区划变更等的影响,将案件移送给变更后有管辖权的人民法院。

(2) 指定管辖

指定管辖是有管辖权的人民法院由于特殊原因不能行使管辖权,由上级人民法院以裁定的形式指定下级人民法院对某一案件行使管辖权。按照法律的相关规定,适用指定管辖包括下列三种情形:① 对案件有管辖权的人民法院由于特殊原因不能行使管辖权(这里的特殊原因包括法律上的原因,如受案人民法院涉及集体回避的问题;同时包括事实上的原因,如遭遇地震、洪涝灾害等),由该法院的上级人民法院指定管辖;② 受移送的人民法院认为自己对案件没有管辖权,可以报请自己的上级人民法院指定管辖;③ 两个以上的同级人民法院对管辖权发生争议且协商不成时,逐级报请直至其共同的上级人民法院,由其共同的上级人民法院指定管辖。这种情况下,上级人民法院既可能指定发生争议的几个人民法院之中的一个,也可以指定其他的人民法院来行使管辖权。有争议的人民法院,在管辖权争议解决之前,均不得抢先判决,对抢先作出判决的,应撤销其判决,并将案件移送或者指定其他的人民法院审理,或者由自己提审。

(3) 管辖权转移

管辖权转移是指经上级人民法院决定或者同意,将某个案件的管辖权由上级人民法院转交给下级人民法院,或者由下级人民法院转交给上级人民法院。

管辖权转移是在具有隶属关系的上下级人民法院之间进行的一种管辖权的协调,转移的是管辖权。实践中包括三种情形:① 上提下,即上级人民法院对下级人民法院管辖的案件,认为应当由自己审理的,上级人民法院可以直接提审;② 上交下,即上级人民法院对自己管辖的案件,认为应当由下级人民法院审理的,则交给下级人民法院审理;③ 下报上,即下级人民法院对自己管辖的案件,认为需要由上级人民法院审理,报请上级人民法院同意后,将管辖权转移至上级人民法院。

(二) 财产保全

财产保全是人民法院在利害关系人起诉前或者当事人起诉后,为了保障将来的生效判决能够得到执行或避免财产遭受损失,对当事人的财产或争议的标的物采取的一种限制处分或转移的强制措施。当事人到人民法院打官司,目的是期望人民法院能够通过裁判强制对方当事人履行法定义务。而诉讼需要一个过程,从当事人起诉到人民法院立案到最终生效判决的作出需要相当长的时间,如果在这段时间内,对方当事人转移、隐匿或挥霍了财产,生效判决就将难以执行或无法执行,当事人的诉讼目的就会落空。财产保全就是为了避免这种情况的出现而制定的一种行之有效的制度。财产保全分为诉前保全和诉讼保全两种形式。

1. 诉前保全

诉前保全即诉讼前的财产保全,是利害关系人在紧急情况下,不立即申请财产保全将会使其合法权益受到难以弥补的损害时,向人民法院提出申请,由人民法院所采取的一种财产保全措施。实践中,在交通事故损害赔偿案中,受害人一方往往对致害人所驾驶的交通工具采取诉前财产保全。

提起诉前保全应当具备以下条件:(1) 起诉前申请人(利害关系人)的合法权益面临紧急情况,不采取财产保全将会使申请人的合法财产权益遭受难以弥补的损害;(2) 对方当事人存在转移、隐匿或挥霍财产的情形;(3) 案件必须具有给付内容;(4) 由申请人向财产所在地的人民法院提出书面申请;(5) 申请人提供担保。

提起诉前保全的程序:(1) 提出申请:申请人在起诉前向财产所在地人民法院提出书面申请;(2) 法院裁定:申请人向人民法院提起诉前保全申请的,人民法院在接受申请后48小时内作出是否采取财产保全的裁定,裁定一旦作出即发生效力,当事人不得上诉,但是可以申请复议,复议期间不停止裁定的执行;(3) 提供担保:提起诉前保全,申请人必须提供相应的担保,否则人民法院可以驳回申请人的诉前保全申请;(4) 提起诉讼:人民法院接受诉前保全申请并对财产采取保全措施后15日内,申请人必须提起诉讼,否则人民法院将解除裁定保全;(5) 赔偿责任:申请人提起的诉前保全有错误,从而导致被申请人遭受损失的,申请人应当承担相应的赔偿责任。

诉前财产保全申请书范例如下。

诉前财产保全申请书

申请人:李建设,男,1976年4月3日出生,汉族,住河北省保定市兴华县兴华镇南街64号;电话:××××××××。

被申请人:李玉,男,1965年2月2日出生,汉族,住河北省保定市东城区人民路123号;电话:××××××××。

请求事项:请求扣押被申请人李玉所有的车牌号为冀FA32××的轿车一辆。

事实与理由:

2008年7月1日下午4时左右,申请人骑自行车在保定市东城区府东路与北小街交叉口处,被被申请人驾驶的车牌号为冀FA32××的轿车撞倒,造成申请人受伤的交通事故。交通事故认定书认定被申请人李玉应负此次事故的全部责任。事故发生后,申请人被送往保定市人民医院治疗,至今已花费医疗费用39000余元,但被申请人分文未付。

上述纠纷,申请人即将提起诉讼。现为防止被申请人转移、隐匿财产,使申请人的合法权益受到损失,特向贵院提出财产保全申请,望贵院予以准许。

申请人提供现金30000元进行担保。如因申请人的申请错误,致使被申请人因财产保全遭受损失,由申请人承担赔偿责任。

此致
保定市东城区人民法院

申请人:李建设
2008年8月2日

附:1. 申请人身份证复印件一份;
　　2. 车牌号为冀FA32××的轿车行驶证复印件一份;
　　3. 交警队询问笔录复印件一份;
　　4. 交通事故认定书一份;
　　5. 病历复印件一份;
　　6. 住院预缴款收据十三张。

2. 诉讼保全

诉讼保全即诉讼过程中的财产保全,是在诉讼进行过程中,由于当事人一方的行为或其他原因,可能导致将来作出的判决难以执行或无法执行,人民法院对有关财产采取的限制当事人处分的一种强制措施。

提起诉讼保全应当具备的条件包括:(1)在诉讼进行过程中提起诉讼保全申请,即诉讼开始后至诉讼终结前,包括一审、二审期间;(2)应当具备法定的事实根据和理由,这包括:主观上当事人转移、隐匿、挥霍甚至毁损争议财产或标的物;客观上争议财产或标的物为鲜活、易腐烂或变质的物品,不适宜长期保存;(3)案件必须具有给付内容;(4)诉讼保全由当事人提出申请,人民法院在必要时可以依职权主动进行;(5)人民法院可以责令申请人提供担保,申请人不提供的,驳回诉讼保全申请;人民法院未责令提供担保的,当事人不提供担保,不影响诉讼保全的进行。

提起诉讼保全的程序:(1)提出申请:申请人在起诉前或起诉后,作出判决前向人民法院提出书面申请;(2)法院裁定:人民法院对诉讼保全申请经过审查,认为不符合法定条件的,应裁定驳回申请;符合法定条件的,应采取保全措施。对情况紧急的,必须在48小时之内作出裁定。当事人对财产保全的裁定不服的,可申请复议一次,复议期间不停止裁定的执行;(3)提供担保:人民法院可以责令申请人提供担保,申请人不提供的,驳回诉讼保全申请;人民法院未责令提供担保的,当事人不提供担保,不影响诉讼保全的进行;(4)赔偿责任:申请人提起的诉讼保全有错误,从而导致被申请人遭受损失的,申请人应当承担相应的赔偿责任。

诉讼保全申请书范例如下。

诉讼财产保全申请书

申请人：张力，男，汉族，1982年6月12日出生，北京市人，个体，现住北京市西城区学院路22号；电话：×××××××。

被申请人：王城，男，汉族，1978年6月1日出生，北京市人，"味好美"餐馆老板，现住北京市海淀区新街口外大街642号；电话：×××××××。

请求事项：

请求扣押被申请人京FB63××号客货车一辆，冻结被申请人银行存款5万元人民币。

事实和理由：

申请人与被申请人自2005年开始合作，由申请人每月单号给被申请人餐馆送海鲜、肉等材料，被申请人每两个月结算一次。但今年从2月份开始直到现在，被申请人一直以各种理由拖欠货款，造成申请人经济困难。为此，申请人已将被申请人起诉至贵院，现进入诉讼程序中。现得知被申请人欲转让餐馆并出售京FB63××号客货车，为防止被申请人转移、隐匿财产，使申请人的合法权益受到损失，特向贵院提出财产保全申请，以保证判决的执行。

此致

北京市朝阳区人民法院

申请人：张力
2008年11月22日

财产保全担保书范例如下。

财产保全担保书

担保人：兰州市剑星文化用品总公司

住址：兰州市里河区东港路389号，电话：×××××××。

法定代表人：郎永剑，男，总经理

被担保人：兰州市红星纺织机械器材厂

住址：兰州市河滨区天水路65号，电话：×××××××。

法定代表人：张涵，男，厂长

担保人愿做被担保人的担保人，为被担保人向你院提出的诉讼财产保全申请做如下担保：

担保人就被担保人诉兰州海天建筑材料商店买卖纠纷一案，对被担保人所提财产保全申请提供担保。

一、担保人负担采取诉讼财产保全措施所需全部费用;

二、如被担保人诉讼财产保全申请错误,担保人愿赔偿被申请人因财产保全所遭受的全部损失;

三、担保人愿以担保人银行账户内 50 万元人民币为被担保人所提诉讼财产保全申请提供经济担保,并将存折交你院作抵押,可从中支付一、二项所需费用。

此致
兰州市河滨区人民法院

担保人:兰州市剑星文化用品总公司
法定代表人:郎永剑
2010 年 5 月 12 日

3. 财产保全的范围

财产保全的范围限于申请人请求的范围,或者与案件有关的财物,并且不能超过申请人请求的范围以及争议财产的价额,对案外人的财产不得采取财产保全措施。

4. 财产保全的解除

财产保全制度是一种应急性的措施,当保全财产的原因、条件不存在,或者已经达到了保全目的,那么就应该解除财产保全措施。财产保全因下列原因而解除:(1) 被申请人提供担保;(2) 诉前财产保全的申请人在采取保全措施后 15 日内未起诉的;(3) 申请人撤回保全申请的。

(三)先予执行

先予执行是人民法院在终结判决之前,为了解决权利人生产或生活的急需,裁定义务人预先履行义务的制度。先予执行也是民事诉讼上的一种应急性措施,是为了满足权利人当前迫切的生产或生活需要。

1. 先予执行的适用范围

我国《民事诉讼法》第 97 条规定了先予执行的适用范围:(1) 追索赡养费、扶养费、抚育费、抚恤金、医疗费用的案件;(2) 追索劳动报酬的案件;(3) 因情况紧急需要先予执行的案件。所谓情况紧急,主要是指下列情况:需要立即停止侵害,排除妨碍的;需要立即制止某项行为的;需要立即返还用于购置生产原料、生产工具款的;追索恢复生产、经营急需的保险理赔费的。

2. 先予执行的程序

(1) 当事人申请

当事人必须向人民法院提出书面申请。

(2) 法院审查

人民法院对当事人提出的先予执行的申请进行审查,首先审查是否属于先予执行的范围,其次审查是否符合先予执行的条件,即当事人之间权利义务关系明确;申请人有实现权利的迫切需要；当事人向人民法院提出了书面申请；被申请人有履行的能力。人民法院对符合先予执行条件的申请，应及时作出先予执行的裁定。裁定送达后即发生法律效力，义务人不服可以申请复议一次，复议期间，不停止先予执行裁定的效力。

先予执行申请书范例如下。

先予执行申请书

申请人：赵永利，男，69岁，汉族，住邢台市邢台县大马店村四组；

被申请人：赵小和，男42岁，汉族，住邢台市邢台县大马店村四组；

申请事项：

请求人民法院裁定被申请人先予给付申请人2000元赡养费。

事实和理由：

申请人与被申请人系父子关系。申请人年老体弱多病，没有经济来源，只有被申请人一个子女，被申请人有固定工作，收入稳定。近年来，由于申请人身体状况变差，每年要支付几千元医药费，且没有生活费用。申请人多次向被申请人要赡养费，但被申请人一直没有支付。为此，2008年5月18日，申请人向贵院提起诉讼，要求被申请人履行赡养义务，并支付相应的赡养费。由于近期申请人的生活实在困难，且病情加重，需要支付医疗费，申请人请求人民法院先予执行上述请求，以解决申请人的实际困难。

此致

邢台县人民法院

申请人：赵永利
2008年5月26日

附：申请人与被申请人关系证明。

（四）办理起诉手续，提交相关材料

1. 原告在起诉时要注意，人民法院对以下情况有特别的规定：(1)劳动争议案件，须提交劳动局仲裁机构的仲裁决定书；(2)一定时期内不得起诉的案件。判决不准离婚和调解和好的离婚案件，调解维持收养关系的案件，当事人撤诉和按撤诉处理的离婚案件，没有新事实、新理由，6个月内又起诉的案件，人民法院不予受理。

2. 原告起诉应到有管辖权的人民法院立案庭提交以下材料的原件或复印件：

(1) 民事起诉状及其副本；

(2) 证据目录和证据材料及副本；

(3) 当事人为单位的，提交营业执照、组织机构代码证、法人代表证明等；

(4) 当事人为自然人的提交身份证明；

(5) 委托代理人的，提交委托授权书；

(6) 代理人为执业律师的，提交律师事务所开具的律师出庭函等。

人民法院在收到起诉状后,经审查认为符合起诉条件的,应当在7日内立案,并通知当事人交纳诉讼费用。当事人在收到受理通知后,在规定的时间内交纳诉讼费用,否则视为放弃诉权。人民法院认为不符合起诉条件的,应当在7日内裁定不予受理。原告对于不予受理的裁定不服的,可以向受诉法院的上一级人民法院提起上诉。

3. 诉讼费用

案件诉讼费用根据"谁起诉,谁预交;谁败诉,谁承担"的原则,由起诉人预交,败诉人负担。如果原被告双方当事人对纠纷均负有责任的,则诉讼费用由人民法院根据双方当事人的过错程度、责任大小等按比例负担。原告撤诉的,法院减半收取,诉讼费用由原告负担。驳回起诉案件的受理费,由原告负担。调解达成协议的案件,诉讼费用由双方当事人自行协商;协商不成的,由人民法院根据双方当事人在纠纷中的过错程度、责任大小以及经济承受能力等判令分担。当事人申请支付令,申请费由债务人负担;因债务人异议而终结督促程序的,申请费由申请人负担。当事人申请公示催告的,申请费和公告费由申请人承担。当事人在起诉时预交诉讼费用确有困难的,可以凭村委会(居委会)、乡(镇)政府、街道办事处等单位的证明,向法院申请缓交。当事人在接到法院预交诉讼费用通知的次日起7日内,既未预交诉讼费用,又未提出缓交申请的,按自动撤诉处理。

诉讼费用的具体收取标准详见《诉讼费用交纳办法》。

实训项目三　法院立案

法院立案是民事诉讼程序中的一个重要环节,是保障当事人依法行使诉讼权利,保证人民法院正确、及时审理案件的基础和前提。人民法院实行立案与审判分开的原则,人民法院的立案工作由专门机构负责。原告向人民法院提起诉讼之后,人民法院立案部门根据《民事诉讼法》第108条规定的受理案件的条件审查原告的起诉材料,认为符合起诉条件的,决定予以立案;认为不符合起诉条件的,裁定不予受理。

岗位技能

　　1. 审查起诉条件　　2. 办理立案手续　　3. 制作与送达法律文书

岗位要求

　　1. 要求学生掌握起诉的必要条件,能够判断起诉材料是否符合立案要求。
　　2. 要求学生能够独立操作立案程序,会办理相关立案手续。
　　3. 要求学生能够根据起诉材料确定案由,向原被告送达相关法律文书。

工作任务

一、审查起诉条件

审查起诉条件要在法律规定的期限内进行,《民事诉讼法》第112条规定:"人民法院收到起诉状或者口头起诉,经审查,认为符合起诉条件的,应当在7日内立案,并通知当事人;认为不符合起诉条件的,应当在7日内裁定不予受理;原告对裁定不服的,可以提起上诉。"根据本条规定,立案审查期间为7天,从人民法院收到起诉状之日起算。审查立案应从以下几个方面进行。

（一）关于原告资格的立案审查

原告首先必须具有相应的民事诉讼权利能力,诉讼权利能力也被称为当事人诉讼权利能力或者当事人能力,是指成为民事诉讼当事人,享有民事诉讼权利和承担民事诉讼义务所必需的诉讼法上的资格。当事人必须具备诉讼权利能力,这是诉讼要件之一。诉讼权利能力与民事权利能力有着密切的关系,但诉讼权利能力与实体法上的民事权利能力不尽相同。在通常情况下,有民事权利能力的人才具有诉讼权利能力,如公民、法人,在某些情况下,没有民事权利能力的人,也可以有诉讼权利能力,成为民事诉讼中的当事人,如有些法人的分支机构虽然不具有独立的民事主体资格,但法律规定其可以在诉讼中成为诉讼主体,如中国人民银行、商业银行的分支机构等。在现实生活中,虽然除公民和法人以外的其他组织不能作为民事主体,但它们却能以自己的名义开展活动,并由此产生各种民事争议。《民事诉讼法》为了方便这些组织解决纠纷,维护公民和法人的合法权益,从诉讼便利的目的出发,通常在具备一定条件时会赋予这些没有民事权利能力的其他组织以诉讼权利能力,使其能够以自己的名义起诉或应诉,方便其解决纠纷。

其次要看当事人是否具有相应的民事行为能力,无民事行为能力人或限制民事行为能力人需要由其法定代理人或指定代理人代为起诉。

最后要审查原告与本案诉讼标的是否具有法律上的利害关系,即原被告之间有无民事权益争议。只要公民、法人或者其他组织认为其合法的民事权益受到了侵害,只要有证明其与案件有利害关系的基本证明材料,就有资格以原告身份提起民事诉讼。在审查起诉阶段,原告资格的审查仅限于对起诉人是否与本案有利害关系进行形式审查。

原告资格问题在民事诉讼中非常复杂,不通过案件的仔细审理,仅在审查立案阶段很难把相关问题都弄清楚。因此,人民法院在立案审查阶段往往对原告资格从宽掌握。

(二)关于被告资格的立案审查

对于被告资格的审查,其标准是应当有明确的被告。原告在起诉时必须指明对谁起诉,明确指出被告人。原告应当明确表示出被告的名称、住址等自然状况,即原告起诉时有义务指出是谁与其发生争执,或者是谁侵害了其民事权益,以便于受诉人民法院向被告送达诉状、传票等诉讼文书,以保证诉讼的顺利进行。《民事诉讼法》第108条中对于被告的要求是"明确",从人民法院通常掌握的尺度来看,这里所指的"明确"主要是指姓名或名称的一致性,即被告的姓名与其在公安部门户籍登记的姓名一致;而被告是法人或其他组织的情况下,其全称必须与工商行政管理部门或其他登记机构登记的名称完全一致。

(三)关于诉讼请求及事实理由的立案审查

诉讼请求是原告针对被告提出的,请求人民法院作出裁决的事项,是希望获得法院司法保护的实体权利要求。诉讼请求将决定人民法院审理和裁判的内容,因此必须明确、具体,能够界定内涵和外延。事实根据是指原告向人民法院起诉所依据的事实和根据,包括案件情况和主要证据。只要当事人能够证明本案所涉及的证据形式,人民法院就应当依法受理。首先,这里的事实和理由仅指证明本案发生的基本事实根据;其次,证明合法权益受到侵犯的事实理由可以是当事人提供的直接证据,也可以是能够证明案件事实的其他间接证据。如果原告证明其诉讼请求的主要证据不具备的,人民法院应当及时通知其补充证据。收到诉状的时间,从当事人补交有关证据材料之日起开始计算。

根据《最高人民法院关于人民法院立案工作的暂行规定》第10条的规定,人民法院收到诉状和有关证据后,应当进行登记,并向原告出具收据。收据中应当注明证据名称、原件或复制件、收到时间、份数和页数,由负责审查起诉的审判人员和原告签名或者盖章。对于不予立案或者原告在立案前撤回起诉的,应当将起诉材料退还,并由当事人签收。

(四)关于受案范围和管辖的审查

《民事诉讼法》第3条规定:"人民法院受理公民之间、法人之间、其他组织之间以及他们相互之间因财产关系和人身关系提起的民事诉讼,适用本法的规定。"根据《民事诉讼法》及其他有关法律、法规的规定,人民法院受理的案件包括:债权债务纠纷案件、婚姻家庭纠纷案件、损害赔偿纠纷案件、房地产纠纷案件、继承纠纷案件、相邻关系纠纷案件、人身权纠纷案件、劳动争议案件、依照特别程序受理的民事纠纷案件和其他依照法律或最高人民法院司法解释应由人民法院受理的民事案件、经济合同纠纷案件、农村承包合同纠纷案件、经营合同纠纷案件、经济损害赔偿纠纷案件、企业破产清偿债务的案件,票据、证券权益纠纷案件,股东权纠纷案件,股票、债券、期货纠纷案件,保险合同纠纷案件以及法律、法规规定,可以向人民法院起诉的其他经济纠纷案件。

确定案件属于人民法院受理范围之后,还应当考虑案件的管辖问题,如果本案不属于本院管辖,则应该将案件移送有管辖权的人民法院处理。确定是否有管辖权要考虑级别管辖和地域管辖。

根据我国《民事诉讼法》第18条至第21条对级别管辖的规定,基层人民法院管辖第一审民事案件,但下列第一审民事案件由中级人民法院管辖:

1. 重大涉外案件;
2. 在本辖区有重大影响的案件;
3. 最高人民法院确定由中级人民法院管辖的案件。

我国《民事诉讼法》第22条至第35条是对地域管辖的规定。

一般地域管辖的原则是"原告就被告",即民事诉讼由被告所在地人民法院管辖。《民事诉讼法》第23条规定了几种例外情况,由原告所在地人民法院管辖。

根据我国《民事诉讼法》第24条至第33条的规定,九类案件适用特殊地域管辖。

根据我国《民事诉讼法》第34条的规定,下列案件适用专属管辖:

1. 因不动产纠纷提起的诉讼,由不动产所在地人民法院管辖;
2. 因港口作业中发生纠纷提起诉讼,由港口所在地人民法院管辖;
3. 因继承遗产提起的诉讼,由被继承人死亡时住所地或主要遗产所在地人民法院管辖。

二、办理立案手续

(一)立案程序

原告带齐立案所需材料到人民法院起诉,人民法院在收到原告的起诉材料后进行审核,人民法院应在7日内进行审核并决定是否受理。

立案审查人员审查案件材料后,认为符合立案条件的,填写《立案审批表》,报庭长审批,重大疑难案件报院长审批或者经审判委员会讨论决定。之后按照收案顺序编排案号,填写《立案登记表》,计算案件受理费,向原告发出案件受理通知书,并书面通知原告预交案件受理费。原告拿着法院开具的缴纳诉讼费通知单7日内到人民法院指定的银行缴纳案件受理费,银行交费后,到法院收费窗口换取《诉讼费收费专用票据》,原告将《诉讼费收费专用票据》交给立案法官,立案完成。认为不符合起诉条件的,人民法院应当在7日内裁定不予受理,原告对裁定不服的,可以提起上诉。

(二)确定案由

《民事案件案由规定》已于2007年10月29日由最高人民法院审判委员会第1438次会议讨论通过,自2008年4月1日起施行。民事案件案由是人民法院将诉讼争议所包含的法律关系进行的概括,鉴于具体案件中当事人的诉讼请求、争议的焦点可能有多个,争议的标的也可能是两个以上,为保证案由的高度概括和简洁明了,民事案件案由的表述方式原则上确定为"法律关系性质"加"纠纷",一般不再包含争议焦点、标的物、侵权方式等要素。另外,考虑到当事人诉争的民事法律关系的性质具有复杂性,为了更准确地体现诉争的民事法律关系和便于司法统计,《民事案件案由规定》在坚持以法律关系性质作为案由的确定标准的同时,对少部分案由也依据请求权、形成权或者确认之诉、形成之诉的标准进行确定。

适用《民事案件案由规定》时应注意,第一审人民法院立案时应当根据当事人诉争的法律关系性质首先应适用《民事案件案由规定》列出的第四级案由;第四级案由没有规定的,则适用第三级案由;第三级案由中没有规定的,则可以直接适用相应的第二级案由或者第一级案由。

(三)送达受理案件通知书

起诉经审查决定立案的,向原告送达受理案件通知书,并通知原告7日内预交诉讼费,无正当理由拒不缴纳诉讼费的按撤诉处理。经审查不符合立案条件,不予受理的,应裁定不予受理。

案件受理通知书及不予受理裁定书范例如下。

秦州市海文区人民法院
受理案件通知书

(2009)秦海民初字第124号

任远:

你诉钟子期借款合同纠纷一案的起诉状及有关证据已收到。经审查,起诉符合法定受理条件,本院已经立案受理。兹将有关事项通知如下:

1. 根据《中华人民共和国民事诉讼法》第45条的规定，当事人有权对本案的承办法官、书记员以及翻译人员、鉴定人、勘验人提出回避申请。

2. 根据《中华人民共和国民事诉讼法》第50条、第51条、第52条及其他有关条款的规定，当事人有权委托代理人，有权收集、提供证据，进行辩论，请求调解和自行和解，提起上诉，申请执行，查阅本案有关材料，复制本案有关材料和法律文书。当事人必须依法行使诉讼权利，遵守诉讼秩序，履行发生法律效力的判决书、裁定书和调解书。作为原告，你可以放弃或者变更诉讼请求。

3. 上述第1、2项告知当事人的权利，我院在开庭审理时不再告知，谨请注意。

4. 你应在2009年10月25日前向本院民事审判第一庭递交身份证明。如需委托代理人代为诉讼的，还须递交由法定代表人、负责人签名或加盖单位公章的授权委托书，授权委托书应当写明委托事项和代理人的代理权限。

5. 你起诉时向本院提供的有关书证，我院连同诉状副本一起发给被告；被告如提供书面答辩的，我院会将答辩状副本发送给你，被告若同时提供书证的，我院也会将书证复印件发送给你。

6. 你除已向本院提供的证据外，尚需向本院提供补充证据的，应当在举证期限内提供。如果提供证据确有困难的，可以申请本院收集证据，是否准许由本院确定。申请应当写明需收集什么证据、你收集有什么困难以及收集证据的线索或途径；需要证人出庭作证的，也可以向本院提出书面申请。申请书应当写明证人的姓名、工作单位、常住地址以及能够证明有关案件事实的基本内容。

7. 为公正审理本案，本案承办法官在非庭审场合不同任何一方当事人接触，请予以合作。此外，如你在非庭审时有新的证据向本院提供或有有关本案的意见需向本院陈述，请与孙××联系，联系电话是：6662×××。

8. 根据《最高人民法院关于以法院专递方式邮寄送达民事诉讼文书的若干规定》第3条、第4条的规定，当事人起诉或者答辩时应当向人民法院提供或者确认自己准确的送达地址，并填写包括送达地址的邮政编码、详细地址以及受送达人的联系电话等内容的《送达地址确认书》（受送达人是法人或者其他组织的，应当加盖单位印章；受送达人是公民的，应当签名后寄回我院。

海文区人民法院

（院印）

2009年10月10日

秦州市海文区人民法院
不予受理裁定书

(2009)秦海民初字第 125 号

起诉人　张飞,男,生于 1978 年。

2009 年 4 月 5 日,本院收到张飞的起诉状,起诉的主要事由为:张飞的父亲张宜昌于 2009 年 3 月 4 日在本村村民焦得胜家门前经过时,腿部被焦得胜家的狗咬伤,张飞为给父亲治疗腿伤以及注射狂犬疫苗等共花费 5600 元。事后,张飞要求焦得胜支付此笔医疗费,但遭到拒绝,请求法院判决焦得胜支付张飞为父亲治疗腿伤所花费的医疗费。

经审查,本院认为,起诉人张飞所主张的动物致人损害赔偿诉讼中,张飞不是被侵权人,其父亲张宜昌才是被侵权人,张飞不属于利害关系人,不符合原告诉讼主体资格。故不符合立案条件。依照《中华人民共和国民事诉讼法》第 112 条的规定,裁定如下:

对张飞的起诉,本院不予受理。

如不服本裁定,可在裁定书送达之日起 10 日内,向本院递交上诉状,上诉于秦州市中级人民法院。

秦州市海文区人民法院(院印)

审判员　王义

2009 年 4 月 8 日

书记员　张力

(四) 案件受理费的计算与收取

经审查决定立案后,人民法院向原告发出案件受理通知书的同时,应计算案件受理费,并书面通知原告预交案件受理费。案件受理费的具体计算标准均依据国务院《诉讼费用交纳办法》计算。当事人交纳诉讼费用确有困难的,可以按照规定向人民法院申请缓交、减交或者免交。依据《民事诉讼法》和《中华人民共和国行政诉讼法》相关司法解释的规定,依照《民事诉讼法》规定的特别程序审理的案件和依照审判监督程序提审、再审的案件免交案件受理费。但以下两种情况除外:一是有新证据,足以推翻原判决裁定的;二是一审判决或裁定后未提出上诉,一审判决、裁定或调解书已发生法律效力后,又提出申请再审,依照审判监督程序提审、再审的案件。

(五) 案件移交

立案庭完成立案手续后,要将案件移交相关审判庭,学生应掌握如何办理移交手续,并实际完成案件移交。

三、制作、送达相关法律文书

人民法院受理案件后,立案部门要向原告送达案件受理通知书,除此之外,人民法院还要向双方当事人送达开庭传票、诉讼风险提示书,还要向被告送达应诉通知书、举证通知书。对于受理案件通知书,是由立案部门送达。在实践中,一般都是由审判庭向被告送达应诉通知书和举证通知书,也有些由人民法院由立案部门负责。开庭传票的送达通常由审判庭负责。

传票的范例如下。

石雁市双鱼区人民法院
传　票

案号	(2009)石双民初字第102号
案由	孙凤与孙武遗产纠纷案
被传唤人	孙武
单位或地址	双鱼区燕皇小区1-2-501室
传唤事由	开庭
应到时间	2009年8月3日9时30分
应到处所	第一审判庭
联系电话	0631-5462945

注意事项:1. 被传唤人必须准时到达应到处所。
　　　　　2. 传票由被传唤人携带来院报到,兼作出入凭证,到案后收回入卷。
　　　　　3. 被传唤人收到传票后,应在送达回证上签名或盖章。

审判长:张梦
审判员:赵云
审判员:关一
书记员:刘卫
2009年7月12日

诉讼风险提示书范例如下。

人民法院民事诉讼风险提示书

为方便人民群众诉讼,帮助当事人避免常见的诉讼风险,减少不必要的损失,根据《中华人民共和国民法通则》、《中华人民共和国民事诉讼法》以及《最高人民法院关于民事诉讼证据的若干规定》等法律和司法解释的规定，现将常见的民事诉讼风险提示如下：

一、起诉不符合条件

当事人起诉不符合法律规定条件的，人民法院不会受理，即使受理也会驳回起诉。当事人起诉不符合管辖规定的，案件将会被移送到有权管辖的人民法院审理。

二、诉讼请求不适当

当事人提出的诉讼请求应明确、具体、完整，对未提出的诉讼请求人民法院不会审理。

当事人提出的诉讼请求要适当，不要随意扩大诉讼请求范围；诉讼请求不完全，会导致未请求部分视为弃权而得不到审理的风险，诉讼请求的增加、变更或提出反诉，应在举证期内提出，逾期则不予审理，还会导致放弃权利的风险；无根据的诉讼请求，除得不到审判人员支持外，当事人还要负担相应的诉讼费用。

三、逾期改变诉讼请求

当事人增加、变更诉讼请求或者提出反诉，超过人民法院许可或者指定期限的，可能不被审理。

四、超过诉讼时效

当事人请求人民法院保护民事权利的期间一般为2年（特殊的为1年）。原告向人民法院起诉后，被告提出原告的起诉已超过法律保护期间的，如果原告没有对超过法律保护期间的事实提供证据证明，且无法定事由的，其诉讼请求不会得到人民法院的支持。

五、授权不明

当事人委托诉讼代理人代为承认、放弃、变更诉讼请求，进行和解，提起反诉或者上诉等事项的，应在授权委托书中特别注明。没有在授权委托书中明确、具体记明特别授权事项的，诉讼代理人就上述特别授权事项发表的意见不具有法律效力。

六、不按时交纳诉讼费用

当事人起诉或者上诉，不按时预交诉讼费用，或者提出缓交、减交、免交诉讼费用申请未获批准仍不交纳诉讼费用的，人民法院将会裁定按自动撤回起诉、上诉处理。

当事人提出反诉，不按规定预交相应的案件受理费的，人民法院将不会审理。

七、申请财产保全不符合规定

当事人申请财产保全，应当按规定交纳保全费用而没有交纳的，人民法院不会对申请保全的财产采取保全措施。

当事人提出财产保全申请,未按人民法院要求提供相应财产担保的,人民法院将依法驳回其申请。申请人申请财产保全有错误的,将要赔偿被申请人因财产保全所受到的损失。

八、不提供或者不充分提供证据

除法律和司法解释规定不需要提供证据证明外,当事人提出诉讼请求或者反驳对方的诉讼请求,应提供证据证明。不能提供相应的证据或者提供的证据证明不了有关事实的,可能面临不利的裁判后果。

九、超过举证时限提供证据

当事人向人民法院提交的证据,应当在当事人协商一致并经人民法院认可或者人民法院指定的期限内完成。超过上述期限提交的,人民法院可能视其放弃了举证的权利,但属于法律和司法解释规定的新的证据除外。

十、不提供原始证据

当事人向人民法院提供证据,应当提供原件或者原物,特殊情况下也可以提供经人民法院核对无异的复制件或者复制品。提供的证据不符合上述条件的,可能影响证据的证明力,甚至可能不被采信。

十一、证人不出庭作证

除属于法律和司法解释规定的证人确有困难不能出庭的特殊情况外,当事人提供证人证言的,证人应当出庭作证并接受质询。如果证人不出庭作证,可能影响该证人证言的证据效力,甚至不被采信。

十二、不按规定申请审计、评估、鉴定

当事人申请审计、评估、鉴定,未在人民法院指定期限内提出申请或者不预交审计、评估、鉴定费用,或者不提供相关材料,致使争议的事实无法通过审计、评估、鉴定结论予以认定的,可能对申请人产生不利的裁判后果。

十三、不按时出庭或者中途退出法庭

原告经传票传唤,无正当理由拒不到庭,或者未经法庭许可中途退出法庭的,人民法院将按自动撤回起诉处理;被告反诉的,人民法院将对反诉的内容缺席审判。

被告经传票传唤,无正当理由拒不到庭,或者未经法庭许可中途退出法庭的,人民法院将缺席判决。

十四、不准确提供送达地址

适用简易程序审理的案件,人民法院按照当事人自己提供的送达地址送达诉讼文书时,因当事人提供的己方送达地址不准确,或者送达地址变更未及时告知人民法院,致使人民法院无法送达,造成诉讼文书被退回的,诉讼文书也视为送达。

十五、超过期限申请强制执行

向人民法院申请强制执行的期限,双方或者一方当事人是公民的为1年,双方是法人或者其他组织的为6个月。期限自生效法律文书确定的履行义务期限届满之日起算。超过上述期限申请的,人民法院不予受理。

十六、无财产或者无足够财产可供执行

被执行人没有财产或者没有足够财产履行生效法律文书确定义务的,人民法院可能对未履行的部分裁定中止执行,申请执行人的财产权益将可能暂时无法实现或者不能完全实现。

十七、不履行生效法律文书确定义务

被执行人未按生效法律文书指定期间履行给付金钱义务的,将要支付迟延履行期间的双倍债务利息。

被执行人未按生效法律文书指定期间履行其他义务的,将要支付迟延履行金。

上述提示,旨在提醒当事人能正确运用诉讼手段,尽量减少不必要的讼累以及经济损失。

应诉通知书范例如下。

北雁市剑河区人民法院
应诉通知书

(2009)北剑民初字第 89 号

聂星星:

本院已决定受理孙之然诉你离婚后财产纠纷一案,现将原告起诉状副本送达与你,并将有关事项通知如下:

一、当事人在诉讼过程中,有权行使《中华人民共和国民事诉讼法》第 50 条、第 51 条、第 52 条等规定的诉讼权利,同时必须遵守诉讼秩序,履行诉讼义务。

二、你方应当在收到起诉状之日起 15 日(涉外案件为 30 日)内向本院提交答辩状,同时提交答辩状副本一份。

三、法人或者其他组织参加诉讼的,应当提交法人或者其他组织资格证明以及法定代表人身份证明书或者负责人身份证明书。自然人参加诉讼的,应当提交身份证明。

四、需要委托代理人代为诉讼的,应当提交由委托人签名或者盖章的授权委托书,授权委托书应当依照《中华人民共和国民事诉讼法》第 59 条的规定载明委托事项和权限。

(院印)

2009 年 3 月 8 日

举证通知书范例如下。

北雁市剑河区人民法院
举证通知书

(2009)北剑民初字第 89 号

聂星星：

根据《中华人民共和国民事诉讼法》和《最高人民法院关于民事诉讼证据的若干规定》，现将有关举证事项通知如下：

一、当事人应当对自己提出的诉讼请求所依据的事实或者反驳对方诉讼请求所依据的事实承担举证责任。当事人没有证据或者提出的证据不足以证明其事实主张的，由负有举证责任的当事人承担不利后果。

二、向人民法院提供证据，应当提供原件或者原物，或经人民法院核对无异议的复制件或者复制品。并应对提交的证据材料逐一分类编号，对证据材料的来源、证明对象和内容作简要说明，依照对方当事人人数提出副本。

三、申请鉴定，增加、变更诉讼请求或者提出反诉，应当在举证期限届满前提出。

四、你方申请证人作证，应当在举证期限届满的 10 日前向本院提出申请。

五、申请证据保全，应当在举证期限届满的 7 日前提出，本院可根据情况要求你方提供相应的担保。

六、你方在收到本通知书后，可以与对方当事人协商确定举证期限，向本院申请认可。你方与对方当事人未能协商一致，或者未申请本院认可，或本院不予认可的，你方应当于 2009 年 4 月 15 日前向本院提交证据。

七、你方在举证期限内提交证据材料确有困难的，可以依照《最高人民法院关于民事诉讼证据的若干规定》第 36 条的规定，向本院申请延期举证。

八、你方在举证期限届满后提交的证据，不符合《最高人民法院关于民事诉讼证据的若干规定》第 41 条、第 43 条第 2 款、第 44 条规定的"新的证据"的规定的，视为你方放弃举证权利。但对方当事人同意质证的除外。

九、符合《最高人民法院关于民事诉讼证据的若干规定》第 17 条规定的条件之一的，你方可以在举证期限届满的 7 日前书面申请本院调查收集证据。

(院印)

2009 年 3 月 8 日

实训项目四　被告应诉

被告应诉是指被告针对原告的诉讼请求和事实、理由,为维护其自身的权益而提出对答、辩驳,以对抗原告诉讼请求的诉讼行为。在民事诉讼中,应诉既是被告的一种权利,也是被告的一种义务。客观的说,被告的诉讼行为就是应诉行为,主要体现被告对原告的起诉请求、陈述事实、证据等进行抗辩的行为。被告应诉分为庭审前的应诉与开庭审理中的应诉。

岗位技能

1. 法律文书的分析　2. 应诉方案的策划及答辩状的撰写　3. 证据的收集、整理

岗位要求

1. 要求学生能够分析起诉状、应诉通知、举证通知、风险提示书以及传票等法律文书。
2. 要求学生能针对原告的诉讼请求及事实理由组织答辩内容,撰写答辩状,策划应诉方案。
3. 要求学生学会针对原告主张和证据有针对性地收集、整理证据材料并制作证据目录。

工作任务

一、分析法院送达的法律文书

(一)分析应诉通知书

应诉通知书是法院送达被告的重要法律文书之一,其内容主要是通知被告应诉的有关事项,此等事项通常包括以下内容。

1. 告知被告享有的诉讼权利

被告享有的诉讼权利在《民事诉讼法》第 50 条、第 51 条、第 52 条中都有明确的规定,一般包括:委托代理人,申请回避,收集、提供证据,进行辩论,请求调解,提起上诉,申请执行的权利;查阅、复制有关材料和法律文书的权利;自行和解的权利;放弃或者变更诉讼请求,承认或者反驳诉讼请求,提起反诉等权利。

2. 通知被告提交答辩状

人民法院一般会依法要求被告在收到原告起诉状副本之日起 15 日(涉外案件为 30 日)内向本院提交答辩状,并按照原告人的数量提交数份答辩状副本。但是,答辩

状不是必须提交的法律文书,被告根据具体情况也可以不提交答辩状,届时可当庭答辩,被告不提交答辩状的不影响案件的正常审理。

3. 通知被告人提交身份证明

被告人参加诉讼应向人民法院提交自己的身份证明,通常为经核对无疑的公民身份证复印件;被告是法人或其他组织的,要提交法人或者其他组织资格证明,此外还要同时提交法定代表人身份证明书或者负责人身份证明。

4. 通知被告提交代理人授权委托书

被告委托代理人参加诉讼的,应向人民法院提交合法的授权委托书,否则代理人不能享有代理权,也就不能代理当事人参加诉讼活动。

(二) 分析举证通知书

举证通知书是非常重要的一项法律文书。客观事实已不能再现,法律事实只有依赖证据来加以证明。人民法院的举证通知会向当事人释明举证义务和举证不能的后果,以及与举证相关的各项权利。

被告研究、分析举证通知书时,尤其要注意各种期限和日期,一定要在法定期限或指定期限内行使权利和履行义务,否则就有可能承担举证不能甚至是败诉的责任。如申请延期举证、申请鉴定、提出反诉等都要在举证期限届满前提出;申请证人出庭作证应在举证期限届满前10日提出;申请证据保全、申请法院调查收集证据等要在举证期限届满前7日提出。

此外,举证通知书还会告知当事人双方协商确定举证期限。但实践中原被告双方协商确定举证期限的情况并不多见,通常是由法院指定一个期限,普通一审程序中法院指定的举证期限依法不少于30日。

(三) 分析开庭传票

开庭传票通常会载明案由、开庭时间、开庭地点、法院联系方式、合议庭组成人员和书记员姓名等信息。

研究开庭传票一是要注意开庭时间和地点,以免耽误出庭应诉;二是要研究合议庭组成人员及书记员的情况,分析相关人员是否具有相应的资格,是否存在依法需要回避的情况,如果有必须回避的人员,则要申请相关人员回避以免影响案件的公正审理。

(四) 分析原告起诉状

人民法院会向被告送达原告的起诉状副本,被告方要仔细研究原告的起诉状,以起诉状所提出的诉讼请求和事实、理由为重点,精心准备应诉材料,制定应诉策略。

研究、分析原告起诉状应从以下几个重点方面入手。

1. 根据起诉状的内容,分析案件的诉讼标的

研究、分析原告的诉讼标的是什么,诉讼标的是原被告发生争议的民事法律关系,是指当事人之间争议的权利义务关系。根据原告起诉状分析具体案件所争议的民事法律关系,进一步分析原告或被告是否适格,如果原告或被告不适格则由人民法院裁定驳回原告的起诉。其中,被告不适格的情形下,原告可以请求更换被告人。

2. 根据起诉状的内容,分析该院对本案是否有管辖权

实践中有些原告会有意无意地选择对自己有利的人民法院提起诉讼,或者是出于诉讼的便利,也可能只是出于自己意识中存在的司法地方保护主义观念等原因。被告方同样出于自己的诉讼便利或利益,更愿意选择对自己一方有利的人民法院应诉。由于在选择受理人民法院方面原告掌握着主动权,因此被告方只能在人民法院立案后根据具体情况提出管辖权异议。

被告收到原告的起诉状之后,对于案件争议的法律关系已经弄清楚,被告就应该根据《民事诉讼法》等法律分析案件的管辖是否违背级别管辖和专属管辖的规定,然后分析案件管辖是否违背地域管辖的规定。一旦发现存在管辖问题,可以选择向人民法院提出管辖权异议。

3. 分析、研究原告的诉讼请求及证据材料

从原告的起诉状入手,研究、分析原告的诉讼请求:一是分析原告的诉讼请求是否妥当;二是分析该诉讼请求是否已过诉讼时效,有无时效中断、中止、延长的情形。分析起诉状的事实、理由部分,了解原告的诉讼请求是否有一定的事实依据和法律依据,从而计划被告方的应诉方案和答辩要点。

关于对原告所提交的证据材料要分两个阶段来分析研究。首先原告在起诉时一般会向人民法院提交基本的证据材料和证据目录,被告方可以根据法律规定到人民法院阅卷,并可以摘抄、复印包括证据材料在内的案卷材料。此时就可以先行研究、分析原告的起诉证据。但在举证期限内,原被告双方都可以随时向法庭提交证据,因此,原告除了起诉时提交的基本证据材料外,还可以陆续提交其他的诉讼证据,被告方应在举证期限届满时,再次申请阅卷查看原告的证据材料。人民法院如果组织双方庭前交换证据,则应在交换证据之后对原告的所有证据材料加以综合分析,审查原告的证据是否充分、确凿,相互之间有无矛盾、是否需要鉴定或重新鉴定。如果对原告的某项证据认为需要鉴定或重新鉴定,则应在举证期限届满前向人民法院提交申请书。

4. 根据具体案情和诉讼标的确定是否提出反诉

在原告起诉被告的案件中,如果被告对同一诉讼标的有权向原告提出相关请求,则被告可以在同一诉讼程序向原告主张权利,也就是提出反诉。本诉被告就成了"反诉原告",本诉原告就成了"反诉被告"。

二、策划应诉方案

(一)管辖权异议

1. 管辖权分析

在具体案件中,被告如果认为该人民法院对本案无管辖权,可以向人民法院提出管辖权异议。

被告或其诉讼代理人首先应确定该案件是否由人民法院主管,根据该案件的性质,判断是否属于人民法院受案范围,当事人之间有无仲裁条款及其效力如何等来确定。

如果该案件属于人民法院受案范围,则进一步审查起诉状的事实理由和证据情况,找出案件管辖权确定的因素,判断受理人民法院有无管辖权。根据级别管辖、一般地域管辖、特殊地域管辖、专属管辖、有无协议管辖条款及其效力等规定,判断受理人民法院对该案是否享有管辖权。

2. 策略选择

经过案件整体分析,已确定该人民法院对案件有无管辖权之后,并不一定要提出管辖权异议,可以先分析已受理人民法院管辖或提出管辖异议对己方有无不利因素。如果没有不利因素,也可以选择不提出管辖异议。

3. 提出管辖权异议的条件及程序

根据《民事诉讼法》第 38 条的规定,异议权人提出管辖权异议,应当具备下列条件。

(1) 是人民法院已经受理的案件,但尚未进入实体审理。这是提出管辖权异议的程序性条件。没有受理的案件,当事人是否起诉及受诉人民法院是否受理均无法确定,因而不得提出管辖权异议。另外,受诉人民法院对本案虽无管辖权,但法院本身既未发现,当事人又未提出异议,从而使案件已进入实体审理,视为受诉人民法院为有管辖权的法院。

(2) 提出管辖权异议的主体必须适格,是本案的当事人。这是提出管辖权异议的主体条件。

(3) 提出管辖权异议的期间。根据《民事诉讼法》第 38 条和第 113 条的规定,管辖权异议应当在被告收到起诉状副本之日起 15 日内提出。

4. 管辖权异议申请书

提出管辖异议的程序主要是撰写管辖异议申请书并提交法院。

(1) 申请内容包括申请异议人的姓名、性别、年龄、住址、联系电话,管辖异议案件的案由,提出受理人民法院没有管辖权的理由,特别是法律依据,以及应该移送的人民法院。

管辖异议申请书文书范例如下。

管辖异议申请书

申请人:唐海市旺兴科技有限公司

住所地:唐海市开发区工业园

法定代表人:余江

申请事项:

请求依法裁定将该案移送至唐海市开发区人民法院管辖

事实与理由:

贺兰与旺兴科技有限公司合同纠纷一案,贵院已经于 2009 年 10 月 11 日受理。申请人认为贵院对此案没有管辖权,现提出异议。

> 本案被告的住所地在唐海市开发区工业园,本案涉及主要法律关系即合同履行地也是发生在唐海市开发区工业园,根据《中华人民共和国民事诉讼法》第24条规定,因合同纠纷提起的诉讼,由被告住所地或合同履行地人民法院管辖,故无论依被告的住所地还是合同履行地,石门市景兴区人民法院均无本案管辖权,其应将本案移送唐海市开发区法院管辖。
>
> 综上所述,请贵院依法裁定将此案移送有管辖权的人民法院即唐海市开发区人民法院审理。
>
> 此致
> 石门市景兴区人民法院
>
> 申请人:唐海市旺兴科技有限公司(印章)
> 法定代表人:余江
> 2009年10月21日

(2)向人民法院办理申请手续。

在受理人民法院规定的答辩期内将管辖异议书递交到受理人民法院,人民法院认为异议成立的,裁定将案件移送到有管辖权的人民法院。

裁定驳回异议,当事人对人民法院的裁定不服,有权在10日内向上一级人民法院提起上诉,第二审人民法院作出的裁定为终审裁定,当事人接到裁定书后,应当依照裁定参加诉讼。

(二)依据案情和法律提起反诉

反诉是法律赋予被告在民事诉讼中与原告的起诉权相对应的一种诉讼权利。反诉是指在已经开始的民事诉讼中,本诉的被告为抵消、动摇或吞并本诉原告诉讼请求,保护自己的民事权利和合法权益,以本诉的原告为被告,向人民法院提出的和本诉具有一定牵连性的一种独立的反请求。被告应诉时,应分析具体案情,并决定是否进行反诉。

1. 整理反诉的事实理由及确定反诉请求

由于反诉是针对本诉提起的,因此,审查整理反诉的事实理由重点在于:(1)与本诉的诉讼标的有着法律上牵连关系的事实理由以及法律依据;(2)与本诉的诉讼请求有着法律上牵连关系的事实理由以及法律依据;(3)与本诉案件事实有着法律上牵连关系的事实理由。

2. 反诉的提起

(1)提起的形式

反诉可以用书面形式提出,也可以用言辞方式提出。可以以反诉状的形式提出,也可以在答辩状中提出;在开庭审理时还可以以言辞方式提出,但应由书记员记入笔录。

(2) 反诉提起的条件

反诉提起的条件包括实质性条件和程序上的条件两种。从实质性条件来看,一是要符合诉的要素;二是与本诉的牵连能抵消本诉或使本诉失去作用。提起反诉在程序方面应当具备五个条件:一是反诉符合起诉条件的规定,即符合《民事诉讼法》第108条的规定;二是反诉只能由本诉被告针对本诉原告向审理本诉的人民法院提起,只有本诉、反诉由同一人民法院受理和审理,才能够起到反诉的作用;三是反诉没有超过诉讼时效,反诉作为独立的诉,应该符合诉讼时效的法律规定;四是反诉与本诉必须具有相同性质并适用同一诉讼程序,如果提起反诉的纠纷属于行政性质,则反诉不能成立,同时,如果反诉适用特别程序,本诉适用普通程序,反诉也不能成立;五是反诉应当在举证期限届满前提出。

3. 制作反诉状和反诉证据目录

反诉状范例如下。

民事反诉状

反诉人(本诉被告):贺玉,男,1942年4月4日出生,汉族,河北省唐海市北行区钢厂退休工人,住唐海市北行区兴隆街45号。

被反诉人(本诉原告):马海,男,1915年5月5日出生,汉族,河北省唐海市潍县人,唐海市水泥厂退休工人,住唐海市水泥厂宿舍1号楼4实训项目501室。

第三人:赵恒,男,1945年6月6日出生,河北省唐海市潍县人,唐海市水泥厂退休工人,住唐海市北行区兴隆街45号。

反诉请求:

一、解除反诉人贺玉与被反诉人马海的房屋租赁关系;

二、第三人赵恒居住反诉人的两间房屋,应交反诉人维修;

三、被反诉人应向反诉人补交自2008年11月至2009年9月拖欠的租金6000元。

事实和理由:

我有十间灰色瓦房,坐落在唐海市北行区兴隆街45号。我与被反诉人是故交,被反诉人从2000年开始占住了其中两间。2008年11月,他的工作单位给他分配了新房。他搬走后,没有把腾出的房屋退还给我,而是没经我同意就擅自将该房转租给第三人赵恒居住。因该房需要维修,我多次让第三人腾房,第三人以种种理由搪塞,一直不搬走。我实在没办法,就拆毁房屋的一段山墙,准备把房扒倒重盖,不料第三人不但仍然不搬,还会同马海起诉,要求我将住房修复。我不能同意,因为该房的所有权属于我,我有权进行维修,所以提出反诉。

> 反诉人认为,这两间房屋的产权不属于被反诉人,他将这两间房屋转租给他人无效。他把我的两间房屋转租给他人,这是对我的合法权益的侵犯。根据《中华人民共和国民法通则》第117条第1款规定,这两间房屋应返还给反诉人。
> 　　请依法判决。
> 　　此致
> 唐海市北行区人民法院
>
> 反诉人:贺玉
2009年10月28日
>
> 附:1. 本状副本2份;
> 　　2. 证据材料及目录1份。

反诉证据目录与原告起诉证据目录相同。

4. 反诉必要性的权衡

需要提醒的是,作为被告一方,我们应积极维护自身的合法权益,应该提起反诉时不能疏漏,但如果作为策略使用,就应当仔细权衡利弊,慎重考虑是否使用。

5. 递交诉讼文书及相关材料,交纳诉讼费用

将制作好的反诉状和证据目录根据反诉被告的数目,提交审理法院。反诉案件由提起反诉的当事人自提起反诉次日起7日内预交案件受理费。

三、收集、整理证据,组织答辩内容,制作答辩状

(一)根据原告的起诉材料,收集、整理有力证据,制作证据目录

被告反驳原告的诉讼请求,证明自己主张的成立,必须提供相应的足够的证据加以证明。所以被告从收到起诉状到举证期限届满前都可以收集、调查对自己有利而对原告不利的证据。一旦启动诉讼程序,双方都陈述有利于自己的事实与理由,原被告双方各执一词,法官难辨真伪,只有依靠双方当事人提交的证据作出判决,看双方举证能证明到什么程度,证明的事实是什么。所以,虽然有很多的案件原被告双方都存在举证难的问题,但仍然需要双方为支持自己的主张而收集、整理、调查相关证据,并提供给受诉人民法院。有些证据因客观原因不能自行收集的,可以申请人民法院调查取证,如证券公司、银行、公安机关的出警记录和询问笔录等。

作为被告方,收到应诉通知书、起诉状之后,就应着手收集整理有利于自己而不利于对方的证据材料,并制作证据目录,同答辩状一起提交人民法院。从诉讼实践来看,完善的证据目录除准确地表达证据的名称并编写页码以外,还应当包括证据内容的简要描述以及该证据的证明内容,以便法官通过证据目录就可以清楚了解基本法律事实,同时也便于被告及其诉讼代理人在诉讼过程中理清思路,准确地表达自身的观点,

更有利于诉讼的进行。

(二)制作答辩状

在研究、分析原告起诉状的基础上,被告应及时制作答辩状。虽然不提交答辩状并不影响案件的审理,但通常情况下被告还是向人民法院提交答辩状为好。答辩状的主要内容应是针对原告的各项诉讼请求提出自己的答辩意见;针对起诉状陈述的事实与理由,提出答辩事实,明确自己的主张并阐明相应的理由。答辩状要简明扼要,表明观点,有理有据即可,无须详细阐述,详细答辩内容应在开庭审理阶段结合具体情况进行阐述。

民事答辩状范例如下。

民事答辩状

答辩人:汤文,男,31岁,兴业公司工人,现住唐海市爱民区花园小区4号楼2实训项目501室。

被答辩人:于好,女,30岁,无业,现住址同上。

答辩人因于好诉我离婚纠纷一案,现提出答辩意见如下:

答辩人认为被答辩人所诉离婚之理由纯属捏造的不实之词。答辩人不能同意被答辩人离婚的要求。理由有二:

一、被答辩人诉称答辩人不务正业,对家务事不管不问,经常在外赌博,致使被答辩人生活困难,连买衣服都得回娘家要钱等情况,纯系捏造。事实是:答辩人单位工作制度系三班倒,答辩人下夜班后还要干包工活,根本没有赌博之事。答辩人将挣来的钱交被答辩人支配,现被答辩人有3000元储蓄,根本不存在买衣服回娘家要钱之事情。

二、被答辩人诉称近三四年来,答辩人对被答辩人张口就骂,举手就打,经常夜不归宿,在外赌博,被答辩人稍加询问,便对被答辩人进行毒打,逼得被答辩人曾两次自杀,经抢救脱险等,更是不符合事实的。答辩人从未打过被答辩人,除夜班外,答辩人都在家住。至于被答辩人两次自杀,与答辩人毫无关系,只不过是为其提出离婚创造条件而已。

基于上述事实和理由,请法院驳回原告的诉讼请求,对合法婚姻予以保护,一切诉讼费用由原告承担。

此致

唐海市爱民区人民法院

答辩人:汤文

2009年4月9日

附:答辩状副本1份;

证据材料及目录1份。

被告书写答辩状应从以下几方面进行考虑。

1. 针对原告陈述的事实进行抗辩

被告要仔细阅读原告的起诉状,起诉状中关于事实部分陈述不实的,被告在答辩状中应阐明真正的事实,对原告曲解、歪曲的事实进行合理的解释,将事实还于原貌。

2. 针对原告的诉讼请求逐一进行答辩,阐明观点

被告对原告各项诉讼请求要认真、仔细、充分地考虑,理出头绪,确定自己的观点,提出自己的意见。如离婚纠纷的诉讼请求通常包括离婚、子女抚养、财产分割、损害赔偿等项。针对原告若干诉讼请求,首先,要作出同意或不同意离婚的意见,并陈述理由。其次,对子女归哪方抚养,抚养费如何支付等作出明确的表示,阐述子女抚养权归属与抚养费支付的事实、法律依据。再次,对夫妻共同财产提出具体的分割意见,阐明财产归属的事实理由与法律依据等。总之,主要针对原告的各项诉讼请求逐一进行答辩,并明确自己的观点。

(三)证据的继续收集和提交

提交答辩状之后,在举证期限内,被告方要继续收集证据。

向法院提交了答辩状和证据目录后,被告方仍应该继续调查收集对自己有利的证据。因为答辩期与举证期限的时限不同,在答辩期内提交了答辩状和相关诉讼材料后,举证期间并未届满,因此在举证期间届满之前应继续收集调查相关证据。需要注意的是:

1. 所有证据都必须在举证期限届满前提交人民法院,但属于《最高人民法院关于民事诉讼证据的若干规定》第41条、第43条第2款、第44条规定的"新的证据"的除外;

2. 如果需要证人出庭作证,应当在举证期限届满的10日前向人民法院提出申请;

3. 所要调查收集的证据符合《最高人民法院关于民事诉讼证据的若干规定》第17条规定的条件之一的,一定要在举证期限届满的7日前书面申请人民法院调查收集。

实训项目五 开庭审理

开庭审理又称法庭审理,是对案件审理的中心环节,是指在审判人员的主持下,在当事人及其他诉讼参与人的参加下,人民法院依照法定程序对案件进行口头审理的诉讼活动。人民法院审理案件,主要以开庭审理方式进行。

岗位技能

1. 庭前准备 2. 法庭调查 3. 法庭辩论 4. 评议与判决

岗位要求

1. 要求学生熟悉一审程序的庭审过程,并能独立操作普通审理程序。
2. 要求学生能够根据具体案情正确使用相应的审理技巧。
3. 要求学生了解并掌握代理词、判决书、裁定书等法律文书的撰写。
4. 要求学生能够根据案情决定案件依普通程序或简易程序审,并掌握操作中的区别。

工作任务

庭审的核心程序一般包括:预备阶段、法庭调查、法庭辩论、评议与判决等几个阶段。庭审中,在人民法院的组织下,当事人各方于法庭上正面进行对抗。我国法院的庭审趋向于大陆法系的审理模式,在庭审中法官以积极审判者的形象主持法庭审理,原被告双方在法院主持下主张己方意见和对他方意见进行辩驳。人民法院与当事人的角色、地位不同,目标任务也不同。人民法院在庭审中的任务主要集中体现在两个方面:一是组织庭审;二是撰写民事判决书、裁定书、决定书。当事人及其诉讼代理人在庭审中的任务主要集中在三个方面:一是根据案情决定是否申请回避;二是掌握质证、辩论过程及技巧;三是撰写代理词。法院、原告及其诉讼代理人、被告及其诉讼代理人在庭审的各个阶段任务分述如下。

一、预备阶段

预备阶段是在事先确定的开庭日期到来时,在正式进入实体审理前,为保证案件审理的顺利进行由受诉人民法院进行的准备工作。

(一)宣布法庭纪律

法庭纪律在开庭前由书记员宣布。

最高人民法院1993年通过《中华人民共和国人民法院法庭规则》中关于法庭纪律的规定主要集中在该规则第5条、第7条、第9条、第10条、第11条、第12条等条款中。各地人民法院庭审"法庭纪律"以此为依据制定。

河北省某基层人民法院法庭纪律内容参阅如下。

法 庭 纪 律

一、未经许可不得录音、录像和摄影,携带手机者请关机。

二、不得发言、提问。

三、不得随意走动和进入审判区;

四、不得吸烟,不得鼓掌、喧哗、哄闹和实施其他妨碍审判活动的行为;

对违反法庭纪律的,审判长可以口头警告、训诫,可以没收录音、录像带和胶卷,责令退出法庭;情节严重者,经院长批准予以罚款、拘留。

(二) 宣布开庭并核对当事人及其诉讼代理人的身份

普通程序由审判长宣布开庭,简易程序由独任审判员宣布开庭。

当事人及委托代理人情况一般由双方律师依据起诉状载明的情况一并宣读,没有代理律师的由当事人宣读。核对当事人及其诉讼代理人情况一般依据原告、被告、第三人的顺序进行。核对完毕之后,审判长向各方当事人询问对对方出庭人员身份有无异议。

核对当事人身份,主要是核对到庭的当事人是否本人,一般并无异议。核对诉讼代理人身份主要基于两个方面考虑:一是到庭的诉讼代理人是否是接受委托者本人;二是诉讼代理人是否存在法定回避情形。为了防止律师凭借其以前任职的特殊环境和特殊关系影响法官或其他司法人员公正司法,损害司法权威,我国法律对律师回避作了严格规定。根据《中华人民共和国律师法》第41条的规定,曾经担任法官、检察官的律师,从人民法院、人民检察院离任后2年内,不得担任诉讼代理人或者辩护人。《中华人民共和国法官法》(以下简称《法官法》)对法官及其配偶担任诉讼代理人的回避作了更为严格的规定。根据《法官法》第17条的规定,律师或诉讼代理人在以下三种情况下需要回避:(1)法官从人民法院离任后2年内,不得以律师身份担任诉讼代理人;(2)法官从人民法院离任后,不得担任原任职法院办理案件的诉讼代理人;(3)法官的配偶、子女不得担任该法官所任职法院办理案件的诉讼代理人。对方诉讼代理人(或律师)存在以上情形时,当事人可以对其提出回避申请。

(三) 宣布案由

开庭审理前,合议庭根据最高法院关于实施《民事案件案由规定》的通知确定双方争议案件的案由,庭审中由审判长或独任审判员宣布。

(四)宣布合议庭组成人员(或独任审判员)并询问当事人是否申请回避、宣布当事人权利义务

1. 合议庭组成人员

根据普通程序与简易程序的不同,审判组织有合议制和独任制两种形式。合议制是由审判员或审判员与陪审员组成的审判集体对民事案件进行审判并作出裁判,合议制下组成的审判集体称为合议庭。独任制是由一名审判员代表人民法院对民事案件进行审理并作出判决,该名审判人员称为独任审判员。根据《民事诉讼法》的规定,独任制只适用于第一审人民法院审理的简单的民事案件。其他所有的民事案件的审理都适用合议制。

(1)合议制

合议制的审判庭由两种组成形式:一种是由审判员与人民陪审员共同组成;另一种是由审判员组成。人民法院在审理一审民事案件时,可以吸收陪审员参加,是否邀请陪审员参加合议庭,由人民法院根据民事案件的具体情况和审判需要决定。根据《民事诉讼法》第40条的规定,合议庭的组成人员要求是单数,对于具体人数并未做要求,司法实践中,合议庭一般由3人组成。合议庭是一个审判集体,由一名审判员担任审判长。审判长由院长或者庭长指定,院长或庭长参加合议庭时,由院长或者庭长担任。

(2)独任制

独任制仅由一名法官作为审判员对案件进行审理。根据《民事诉讼法》的规定,独任制适用于第一审人民法院审理的简单的民事案件,具体说,只有基层人民法院及其派出法庭依据简易程序审理的民事案件才适用独任制。

2. 回避制度

回避制度是指审判人员和其他有关人员遇到有法律规定不宜参加案件审理的情形时而退出案件审理活动的制度。在出现法定情形时,当事人有申请回避的权利。

(1)适用回避的人员

适用回避的人员是在审判活动中具有一定审判职能或代行某种职能的人。我国《民事诉讼法》规定适用回避的对象有审判人员、书记员、翻译人员、鉴定人、勘验人。

(2)适用回避的法定情形

审判人员是本案当事人或当事人、诉讼代理人的近亲属一般是指夫妻、父母、子女、同胞兄弟姐妹、祖父母、外祖父母、孙子女、外孙子女等。

审判人员与本案有利害关系是指案件的处理结果会直接或者间接涉及审判人员本人的利益。

审判人员与本案当事人有其他关系,可能影响对案件公正审理的。

(3)回避提出的时间、方式和程序

开庭审理中,由审判长或独任审判员宣布法庭组成人员后,询问当事人是否提出回避,此时当事人及其诉讼代理人可以适时提出。提出回避申请后,审判长宣布休庭,等待法院决定。

如果回避事由在此时并未发现,回避也可以在法庭辩论终结前提出。法庭辩论一旦终结,则不可以再提出回避申请。

院长担任审判长时的回避,由审判委员会决定;审判人员的回避由院长决定;其他人员的回避,由审判长决定。人民法院对当事人提出的回避申请,应当在申请提出的3日内,以口头或者书面形式作出决定。当事人不服不回避决定的,可以申请复议,复议期间不停止本案的审理。当事人提出申请到法院作出决定的期间,除案件需要采取的紧急措施外,被申请回避的人员,暂时停止执行有关本案职务。

人民法院对申请回避的决定书范例如下。

河北省石家庄市新开区人民法院
对申请回避的决定书

(2010)新民初字第200号

申请人:张亮,男,1956年8月20日出生,汉族,住石家庄市新开区20-5-201。

本院在审理张亮诉李小民人身损害赔偿纠纷一案中,申请人张亮认为本案审判长王武与被告律师武旺是兄弟关系,王武是本案诉讼代理人的近亲属,而对王武申请回避。本院院长认为,本案审判长王武与被告律师武旺不是兄弟关系,非近亲属,因此,申请王武回避的理由不足。依据《中华人民共和国民事诉讼法》第45条第1款的规定,决定如下:

驳回张亮提出的回避申请。(若同意则:"准许×××提出的回避申请")

如不服决定,可于接到本决定书之日起10日内向本院申请复议一次。

石家庄市新开区人民法院
(院 印)
二〇一〇年三月二十日

当事人回避复议申请书范例如下。

回避复议申请书

申请人:张亮,男,1956年8月20日出生,汉族,住石家庄市新开区20-5-201。

申请人张亮因诉李小民人身损害赔偿纠纷一案,不服石家庄市新开区人民法院(2010)新民初字第200号对申请回避的决定书,现提出复议申请。

请求事项:

请求人民法院依法变更原错误决定,令审判长王武回避。

事实及理由:

原决定认定事实与实际情况不符。

原决定认为,"本案审判长王武与被告律师武旺不是兄弟关系,非近亲属,因此,申请张某回避的理由不足",这不符合事实。

事实上,本案审判长张武与被告律师武旺是亲兄弟,张武随父姓,武旺随母姓,张武户口本即可显示以上亲属关系。

因此,申请人认为本案审判长张武与被告律师武旺是亲兄弟,属法定近亲属关系,根据《中华人民共和国民事诉讼法》第45条的规定,审判长王武应当回避。

特请求人民法院进行复议,依法变更原错误决定。

此致
石家庄市新开区人民法院

申请人:张亮
二○一○年三月二十四日

附:王武户口本复印件一份。

人民法院对申请回避的复议决定书范例如下。

河北省石家庄市新开区人民法院
对申请回避的复议决定书

(2010)新民复字第206号

申请人复议人张亮,男,1956年8月20日出生,汉族,住石家庄市新开区20-5-201。

本院在审理张亮诉李小民人身损害赔偿纠纷一案中,申请人张亮申请审判长王武回避,本院于二○一○年三月二十日作出(2010)新民初字第200号《对申请回避的决定书》后,申请人张某不服,申请复议。

经本院复议,申请人张亮所提交的户口复印件上的王武与本案审判长王武并非同一人,因此张亮申请回避的理由不足,依照《中华人民共和国民事诉讼法》第45条第1款的规定,决定如下:

驳回张亮提出的回避申请。

本决定为最终决定。

(院印)
二○一○年三月二十八日

3. 当事人权利义务

原告在立案时,立案庭给原告一份权利义务通知书。人民法院在向被告送达应诉通知书时,一并送达权利义务通知书。一般在庭审中,法庭询问双方当事人是否收到权利义务通知书,当事人收到则不再宣读当事人权利义务。

二、法庭调查

(一) 当事人陈述

1. 原告宣读起诉状

原告宣读起诉状,自诉讼请求部分开始。因为法庭已经对当事人及其诉讼代理人身份核对完毕,宣读起诉状时不必重复叙述。

在原告方宣读起诉状时,被告方应认真倾听,辨别其诉讼请求是否与起诉状内容完全一致,是否有增加、变更诉讼请求的情形。

人民法院均要求提供书面起诉状,书记官不必记录起诉状的内容,仅在开庭笔录中注明"原告宣读,见起诉状"即可。

2. 被告进行答辩

人民法院要求被告收到应诉通知书后15日内提交答辩状。但由于我国《民事诉讼法》虽然规定了强制答辩制度,但并未规定被告未按期答辩的责任,因此在实战中,作为诉讼策略,被告方一般并不提交答辩状,而是开庭时当庭答辩。

被告答辩一般仅就要点进行阐述,在法庭上或者庭后提交书面答辩状。如果原告方当庭宣读的起诉状与庭前提交的起诉状内容不同,有增加、变更诉讼请求的情形,在答辩时要及时提出。

被告进行答辩时,原告方应认真倾听,尽量准确记录被告答辩的要点,并根据答辩要点迅速形成完整的诉讼思路。

在被告方有书面答辩状提交时,书记官一般不再记录答辩状内容,而在开庭笔录中注明"被告宣读,见答辩状"。

(二) 总结法庭调查重点

根据原被告双方的主张要点,由法庭提炼法庭调查的重点问题。重点可以有一个,也可以有多个,通过重点问题的调查,可以概括反应案件全貌,对案件有一个全方位的认识。

审判法官询问原被告双方对法庭调查重点问题有无异议,原被告可以提出己方建议。

(三) 当事人依序举证并由对方当事人进行质证

1. 举证、质证的顺序

举证、质证是指诉讼当事人、诉讼代理人在法庭的主持下,对所提供的证据进行宣读、展示、辨认、质疑、说明、辩驳等活动。质证既是当事人、诉讼代理人之间相互审验对方提供的证据,又是帮助法庭鉴别、判断证据,就证据的可采性和证明力对法官的心证产生影响,使人民法院正确认定证据的效力。举证、质证一般依据原告、被告、第三人的顺序进行,具体如下。

(1) 原告针对第一个法庭调查的重点问题陈述事实并提供证据,一般依据提交书

证、物证、视听资料,证人出庭作证,宣读鉴定结论、勘验笔录的顺序进行;

(2) 被告、第三人就原告提交的证据进行质证;

(3) 被告针对第一个重点问题陈述事实并提供证据;

(4) 原告、第三人就被告提交的证据进行质证;

(5) 第三人针对第一个重点问题陈述事实并提供证据;

(6) 原被告就第三人提交的证据进行质证;

(7) 原告针对第二个重点问题陈述事实并提供证据;

(8) 被告、第三人就原告提交的证据进行质证;

(9) 被告针对第二个重点问题陈述事实并提供证据;

(10) 原告、第三人就被告提交的证据进行质证。

2. 质证的内容

质证时,当事人及其诉讼代理人应当围绕证据的合法性、关联性、真实性,针对证据证明力有无以及证明力大小进行质疑、说明与辩驳。

(1) 证据的证据能力

证据能力即证据资格或者称为证据的可采性。质证应当审查证据的证据能力,围绕证据的真实性、合法性、关联性展开。

① 审查证据的内容是否真实。当事人在举证时必须向人民法院提供真实的证据,不得伪造、篡改证据;要求证人如实作证,不得做伪证。虚假的证据没有证据力,不能作为认定案件事实的依据。

② 审查证据内容是否合法,是否以合法形式取得。证据必须符合法律的要求,不为法律所禁止,即具有合法性。《最高人民法院关于民事诉讼证据的若干规定》第68条规定:"以侵害他人合法权益或者违反法律禁止性规定的方法取得的证据,不能作为认定案件事实的依据。"实践中,未经对方当事人同意,录音证据只要未采取侵害他人合法权益或者违反法律禁止性规定的方法取得,亦属合法。

③ 审查证据是否与本案有关,是否能证明本案事实。证据必须与待证事实存在联系,即具有关联性。当事人、诉讼代理人在收集、提供证据时应将注意力集中于那些与案件事实有关联的材料,再将手中的证据进行甄别后提交给人民法院,从而帮助人民法院排除无关联的材料,限定和缩小调查和审核证据的范围。当事人或其诉讼代理人提交给人民法院的与案件待证事实没有关联的证据不能作为认定案件事实的依据。

(2) 证据的证明能力

证据的证明能力是指证据的证明力的有无以及证明力的大小。根据《民事诉讼法》及《关于民事诉讼证据若干问题的规定》,国家机关、社会团体依职权制作的公文书证的证明力一般大于其他书证;档案和经过公证、登记的书证(如房产本、公证遗嘱)的证明力高于其他书证、视听资料、证人证言;物证的证明力一般大于视听资料和证人证言;鉴定结论的证明力一般大于一般书证、视听资料和证人证言;勘验笔录的证明力一般大于视听资料和证人证言。

三、法庭辩论

（一）辩论

法庭辩论是在法庭的主持下，双方当事人根据法庭调查已经基本查明的案件事实和证据材料，各自阐述自己的观点、反驳对方的主张，相互进行言词辩论的诉讼活动。通过双方当事人及其诉讼代理人之间的口头辩论，达到进一步查明案件事实、核实有关证据材料和分清是非责任的目的。

审判长宣布辩论开始，当事人及其诉讼代理人就案件争议问题进行辩论。根据《民事诉讼法》第127条第1款的规定，法庭辩论按照下列顺序进行：(1) 原告及其诉讼代理人发言；(2) 被告及其诉讼代理人发言；(3) 第三人及其诉讼代理人发言；(4) 互相辩论。

作为审判人员，应当引导当事人围绕争议的焦点进行辩论，当事人及其诉讼代理人的发言与本案无关或者重复未被法庭认定的事实时，审判人员应进行制止。但法庭辩论阶段，审判人员不得对案件性质、是非责任发表意见。第一轮辩论结束后，审判长应当询问当事人是否还有补充意见。当事人要求继续发言的，应当允许，但要提醒不能重复。当事人没有补充意见的，审判长宣布法庭辩论终结。

审判长宣布法庭辩论终结后，按照原告、被告、第三人的顺序征询各方最后意见。各方发表意见要简练，不再进行详尽阐述，一般原告方直述"请求法院支持我方诉讼请求"，被告方直述"希望法院驳回原告诉讼请求"即可。

法庭辩论阶段，原被告双方正面进行对抗。在激烈紧张的对抗中，诉讼代理人（律师）应当紧紧围绕争议的焦点灵活运用法律规定进行发言，并适时化解对方诘问、抓住对方的漏洞进行反击。法庭辩论阶段是双方诉讼代理人（律师）对法律的把握和运用水平、语言表达、逻辑思维等个人素质及业务能力高低的集中体现。

法庭辩论阶段的发言，汇总为书面代理意见于庭后或数日内提交人民法院，书记员对双方观点一般仅做简要记录，在开庭笔录中一般注明"见代理意见"。

代理词范例如下。

代 理 词

审判长、审判员：

根据《律师法》与《民事诉讼法》的规定，河北天捷律师事务所接受本案被告广东新魅力电器公司的委托，指派我担任其一审诉讼代理人。通过阅读案卷、调查和庭审所确认的事实，现就本案争议焦点发表代理意见如下：

一、被告广东新魅力电器公司对原告不存在欺诈

《最高人民法院关于执行〈民法通则〉若干问题的意见》（试行）第68条规定：欺诈是指一方当事人故意告知对方虚假情况，或者故意隐瞒真实情况，诱使

对方当事人作出错误意思表示的行为。据此，构成欺诈需要三个要件：一是当事人存在欺诈的故意；二是当事人实施了告知对方虚假情况或隐瞒真实情况的行为；三是由于当事人故意实施的欺诈行为使对方当事人陷入错误并作出错误的意思表示。本案中，原告与被告侵权纠纷的主要焦点是原告称其所购买的空调的功率与宣传单及安装使用说明书中标注的功率不一致，原告认为自己因为受到"欺诈"而作出了错误的购买行为。而事实是，被告广东新魅力电器公司在原告购买新魅力空调的整个过程中，既不存在欺诈的故意，也没有实施欺诈行为，原告作出所谓的错误意思表示的行为与被告广东新魅力电器公司没有因果关系。这是因为：第一，广东新魅力电器公司在其销售宣传单中已经申明保留更改产品设计与规格的权利，并且不另行通知，具体参数请以产品铭牌为准。任何一个智力正常的人都应当能够注意到这句话的存在并且理解这句话的含义。第二，空调铭牌所注明的功率与空调的真实功率是一致的。第三，从法律上说，销售宣传单只是对产品所作的宣传，当宣传单指明"具体参数请以产品铭牌为准"时，对宣传者不具有约束力。消费者在实际购买商品时有权利也有义务对商品进行鉴别，以确定是否自己所需要的商品。在原告购买空调的整个过程中，广东新魅力电器公司没有通过任何形式故意告知原告关于空调的虚假情况，或者故意隐瞒真实情况。

二、被告广东新魅力电器公司未侵犯原告的知情权

原告认为其知情权被侵犯的理由是：原告发现其所购买的空调功率不一致时要求被告作出合理解释，而被告置之不理。原告所称的被告广东新魅力电器公司侵犯其知情权的理由不成立。

第一，广东新魅力电器公司在其销售宣传单中对不同款式、规格的空调作了介绍的同时已经申明：新魅力公司保留更改产品设计与规格的权利，届时恕不另行通知，具体参数请以产品铭牌为准。原告可以清楚地看到这句话，并且也应当能够理解这句话的含义。并且，原告在购买空调时，通过空调的铭牌可以清楚地看到其所选择的空调的真实的功率，即意味着原告通过产品可以得到其所购买的空调的真实的信息，原告已经履行了告知义务。至于原告强调其打算购买的空调是900瓦，这是原告与商家的合同关系，与被告广东新魅力电器公司没有关系。

第二，被告广东新魅力电器公司对原告的要求并非置之不理，而是非常重视。被告虽然已经在宣传单、安装使用说明书、空调机身上尽到了说明真实情况的义务，即使被告广东新魅力电器公司不做解释，原告也应当能够理解产品宣传单、安装使用说明书及空调铭牌上标注的参数可能是不同的，但最终以产品铭牌为准。但即使如此，当原告投诉时，被告广东新魅力电器公司仍然十分重视，派人专门处理此事。并且，出于对客户负责的态度，曾采取了各种方法力争给原告一个较为满意的结果。广东新魅力电器公司所采取的一切并不是基

于自己的过错,而是出于为客户着想,希望通过自己承担非法律义务换取客户的满意。

三、被告广东新魅力电器公司未侵犯原告的权利,所采取的措施不是履行法律义务

原告通过惠新公司购买了新魅力空调,并强调其打算购买的空调是900瓦(庭审中惠新公司否认),这是原告与惠新公司的合同关系,与被告广东新魅力电器公司没有关系。根据《产品质量法》第40条第1款第3项、《消费者权益保护法》第35条第1款和第40条的规定,即使产品不符合以产品说明、实物样品等方式表明的质量状况的,也应当由销售者承担违约责任。广东新魅力电器公司不是合同关系的当事人。在解决问题的过程中,广东新魅力电器公司提到的不对用户只对商家是有法律依据的。

广东新魅力电器公司作为生产者承担的责任为产品责任,即根据《产品质量法》第41条第1款的规定和《消费者权益保护法》第35条第2款的规定,因产品存在缺陷造成人身、缺陷产品以外的其他财产损害的,生产者应当承担赔偿责任。很明显,本案中涉讼产品新魅力空调并不存在缺陷,更不存在缺陷产品致害的事实。因此,就原告提出的新魅力空调标注功率不一致的问题而导致的法律责任不是产品责任。

广东新魅力电器公司不是合同关系的当事人,也不存在产品责任,并且已经在宣传单、安装使用说明书和空调器铭牌上尽到了说明的义务,所以广东新魅力电器公司已经履行了法律义务,因而不应当承担法律责任。在接到投诉后,广东新魅力电器公司积极派人专门处理此事,并积极采取各种方法力争使原告满意。但这一切并不是基于自己的过错,而是出于为客户着想,希望通过自己承担非法律义务换取客户的满意。遗憾的是,广东新魅力电器公司的努力却成了原告要求非法利益的筹码。因此,广东新魅力电器公司有必要申明,曾经采取的一切措施不是基于自己的过错,也不是在履行法律的义务。

综上所述,广东新魅力电器公司没有通过任何形式故意实施欺诈原告的行为,原告所谓的作出错误意思表示的行为与被告广东新魅力电器公司没有因果关系;原告在购买空调时,通过空调的铭牌可以清楚地看到其所选择的空调的真实的功率,能够得到其所购买的空调的真实的信息,已经尽到了说明的义务。广东新魅力电器公司不应当为此承担责任。

以上意见供合议庭参考并采纳

天捷律师事务所律师:焦红静
二○○五年五月十六日

(二)调解

人民法院审理民事案件,对于有可能通过调解解决的,应当调解。

1. 适用调解的条件

（1）案件的性质适合调解。根据我国《民事诉讼法》及其相关司法解释的规定,适用特别程序、督促程序、公示催告程序、破产还债程序的案件,确认婚姻关系或身份关系案件以及其他依案件性质不能进行调解的民事案件,人民法院不予调解。

（2）查明事实,分清是非。人民法院适用调解结案的,应当首先查明案件事实,分清是非,在此基础上才可以进行调解。

（3）适用调解程序和达成调解协议都必须经当事人各方自愿,不得强迫任何一方。

（4）调解协议的内容不得违反法律规定。

2. 特别规定

在诉讼中,当事人为达成调解协议或者和解的目的作出妥协所涉及的对案件事实的认可,不得在其后的诉讼中作为对其不利的证据。

当事人不愿意调解的,人民法院应当及时判决。一般法庭询问原告是否愿意调解,然后询问被告是否愿意调解。当原告回答不调解时,法院不再询问被告。

进行调解,必须当事人本人到场,或者经过当事人特别授权的代理人方有权进行,一般代理权的代理人无权代理当事人进行调解。实践中,庭审进入调解程序后,如果一方或双方当事人未参加诉讼,而代理人只有一般代理权限,则人民法院不再询问双方当事人是否进行调解,而要求代理人传达给当事人,若有调解意思,另与人民法院沟通。

（三）核对笔录和签字

庭审中书记员应当将法庭审理的全部活动记入笔录,由审判人员和书记员签名。法庭笔录应当当庭宣读,也可以告知当事人和其他诉讼参与人当庭或者在5日内阅读。实践中,一般是休庭后由双方当事人或诉讼代理人阅读。当事人和其他诉讼参与人认为对自己的陈述记录有遗漏或者差错的,有权申请补正,但当事人仅有权对自己的陈述和发言进行补正,对修改的部分由申请一方按手印确认。如果不予补正,应当将申请记录在案。法庭笔录由当事人和其他诉讼参与人签名或者盖章。拒绝签名盖章的,记明情况附卷。一般情况下,当事人签名后须在名字上按手印,而代理律师仅签名即可。

四、评议与宣判

（一）评议

经过开庭审理后,当事人不愿调解或调解不成的,合议庭休庭进行评议,就案件的性质、认定的事实、适用的法律、是非责任和处理结果等作出结论。对于疑难案件合议庭难以作出结论的,由审判委员会讨论决定。

（二）宣判

实践中,法院很少宣读判决,一般是判决书(包括调解书或裁定)制作完毕后,通知当事人或其诉讼代理人到法院领取,并在送达回证上签字。

由于民事纠纷属于平等主体之间发生的纠纷,其"民不告、官不究"的性质决定了在诉讼中,原告可以根据需要撤销诉讼,也可以与被告达成调解协议。因此,民事纠纷可能以调解、判决、裁定的形式结案,人民法院根据个案分别制作调解书、判决书、裁定书。

1. 调解协议书

调解达成协议,人民法院应当制作调解书。调解书应当写明诉讼请求、案件的事实和调解结果,由审判人员、书记员署名,加盖人民法院印章,送达双方当事人。

调解书必须送达当事人,并由当事人签字接受尚能生效,当事人拒绝接受的,调解书不发生效力。在人民法院主持下达成的调解书与判决书具有同样的法律效力,但调解结案时当事人不能上诉。

下列案件调解达成协议,人民法院可以不制作调解书:

(1) 调解和好的离婚案件;
(2) 调解维持收养关系的案件;
(3) 能够即时履行的案件;
(4) 其他不需要制作调解书的案件。

对不需要制作调解书的协议,应当记入笔录,由双方当事人、审判人员、书记员签名或者盖章后,即具有法律效力。

人民法院民事调解书范例如下。

石家庄市北星区人民法院
民事调解书

(2010)北民初字第158号

原告王青言,男,1982年6月30日生,汉族,石家庄市冀链泵业有限公司职工,住石家庄市桥东区平安大街58号。

委托代理人吴同,河北世佳律师事务所律师。

被告赵荣荣,女,1984年3月18日生,汉族,无业,住址同原告。

本院于2008年4月12日立案受理原告王青言诉被告赵荣荣离婚纠纷一案,公开开庭进行了审理。经审理查明,原被告于2006年8月5日登记结婚,双方均系初婚。2008年2月21日婚生一女王丽。现原告要求离婚,被告同意离婚。

本案在审理过程中,经本院主持调解,双方当事人自愿达成协议如下:

一、原告王青言、被告赵荣荣均同意离婚;

二、婚生女王丽随被告生活,原告自2010年5月起每月给付孩子抚养费280元,至孩子18周岁止;

三、共同财产归原告的有空调一台、冰箱一台;归被告的有电视一台、洗衣机一台;

四、原告于2010年5月31日前一次性给付被告共同存款30000元;

> 五、其他无纠葛；
> 六、案件受理费200元，由原告负担。
> 本协议符合有关规定，本院予以确认。
> 本调解书经双方签收后，即具有法律效力。
>
> 审判员　方林
二〇一〇年五月十日
书记员　刘佩佩

2. 判决书

对于不宜调解和调解不成的案件，人民法院应当作出判决。案件中一部分事实已经清楚，也可以就该部分先行判决。当庭宣判的，应当在10日内发送判决书；定期宣判的，宣判后立即发给判决书。宣告判决时，必须告知当事人上诉权利、上诉期限和上诉的法院。

判决书的基本内容通常为：

（1）案由、诉讼请求、争议的事实和理由；
（2）判决认定的事实、理由和适用的法律依据；
（3）判决结果和诉讼费用的负担；
（4）上诉期间和上诉的法院。
（5）审判人员、书记员署名，人民法院印章。

民事判决书范例如下。

> **湖南省宜章县人民法院**
民事判决书[①]
>
> （2009）宜民一初字第104号
>
> 原告欧群兰，女，1947年10月7日出生，汉族，农民，住宜章县太平里乡太平里村14组。
>
> 委托代理人肖灵军，男，1976年11月6日出生，汉族，农民，住址同原告欧群兰，系原告欧群兰之子。
>
> 委托代理人谷安平，男，1962年4月12日出生，汉族，宜章县林业局干部，住宜章县城关镇东新村19号。
>
> 被告邓才安，男，1974年12月16日出生，汉族，农民，住宜章县太平里乡学区宿舍。

---

① 资料来源：法律咨询网，http://www.110.com/panli/panli_242240.html。

原告欧群兰与被告邓才安道路交通事故损害赔偿纠纷一案,本院于2009年3月9日立案受理。依原告欧群兰的申请,本院于2009年3月9日依法扣押了被告邓才安所有的粤02/81149号小型方向盘拖拉机。依法由审判员廖乡城于2009年4月1日适用简易程序公开开庭进行了审理。原告欧群兰及其委托代理人肖灵军、谷安平,被告邓才安到庭参加诉讼。本案现已审理终结。

原告欧群兰诉称,2008年8月11日,原告放牛沿县道X051线回家,被告邓才安驾驶粤02/81149号小型方向盘拖拉机不遵守交通规则,将在前面赶牛的原告撞伤。该事故经宜章县公安局交通巡逻警察大队(以下简称交通警察大队)依法认定被告承担主要责任,原告承担次要责任。原告因伤住院垫付医疗费3334元,法医鉴定构成七级伤残。为了维护原告的合法权益不受损害,恳请法院判令被告邓才安赔偿原告欧群兰住院医疗费3334元、误工费2592.4元、护理费2592.4元、伤残赔偿金29670元、精神损害抚慰金20000元、营养费900元、住院伙食补助费1068元、法医鉴定费200元、救护车费150元、门诊药费134.9元、交通费161元,共计60802元。

被告邓才安辩称,2008年8月11日,被告驾驶粤02/81149号小型方向盘拖拉机在县道X051线行驶,原告欧群兰在路中央赶一群牛占道右边,双方系同向而行。被告驾车从原告左侧行驶且左侧车轮已悬空,原告的伤在右侧脸上,左侧无伤。原告右侧脸部的伤是原告自己违反交通规则跌倒造成的,被告不应承担赔偿责任。

经审理查明,2008年8月11日,原告欧群兰在路中央赶一群牛沿县道X051线往宜章县太平里乡方向行走。上午10时许,被告邓才安驾驶粤02/81149号小型方向盘拖拉机将前面赶着牛同向行走的原告撞倒致伤。该事故经《交通警察大队》以宜公交认字(2008)第B065号交通事故认定书认定被告邓才安违反《中华人民共和国道路交通安全法》(以下简称《交通安全法》)第38条之规定,应承担此次事故的主要责任,原告欧群兰违反《交通安全法》第61条之规定,应承担此次事故的次要责任。原告欧群兰被撞伤于当日经宜章县中医院诊断为:1.颅底骨折,并颅内损伤;2.脑挫裂伤;3.枕骨骨折,右颧弓骨折及右眼眶骨折;4.右头面部皮肤大面积撕脱伤;5.右眼下睑疤痕退缩,眼睑闭合不全;6.右眼视力光感;7.右眼外直肌麻痹;8.右耳N性耳聋;9.右眼球视N萎缩;10.下颌功能不全。经清创整修术,伤情好转于2008年10月23日出院。医嘱:转上级医院继续治疗。原告垫付医疗费109.3元,其余医疗费用,被告已支付。2008年11月3日,原告转郴州市第一人民医院治疗,经诊断:1.右眼下睑缺损;2.右眼N损伤,VoDVF30cm,Vos0.8;3.右眼下睑缺如。2008年11月6日行右眼手术治疗等,于2008年11月17日出院,原告垫付医疗费3334元,门诊药费20.7元,救护车费150元,两次住院共98天。原告之伤经郴州市公安局法医鉴定构成七级伤残。法医鉴定费205元(含法医检验费

5元、照相费50元)。原告欧群兰系农村居民,湖南省2008年农村居民人均纯收入为3904.26元,农、林、牧、渔业平均收入为8610元,伙食补助费为12元/人·天。

  以上事实,有原告欧群兰、被告邓才安的各自陈述和各自提供的证据予以证实,证据确实充分,足以认定。

  本院认为,道路交通事故损害赔偿应当根据当事人的责任程度予以确定。《交通安全法》第38条规定,车辆、行人在没有交通信号的道路上,应当在确保安全、畅通的原则下通行。第61条规定,行人应当在人行道内行走,没有人行道的靠路边行走。本案被告邓才安因安全意识不强,遇情况采取措施不当,是造成此次事故的主要原因,应承担主要责任。原告欧群兰未靠路边行走,是造成此次事故的次要原因,应承担次要责任。原告诉请被告赔偿其合理部分,本院予以支持。被告驾车撞伤原告并构成伤残及其损失,被告应予赔偿。《中华人民共和国民法通则》第131条规定,受害人对于损害的发生也有过错的,可以减轻侵害人的民事责任。此次交通事故原告自身有过错,对原告损失总额根据各自的责任程度,原告承担30%的责任,被告承担70%的责任。第119条规定,侵害公民身体造成伤害的,应当赔偿医疗费、因误工减少的收入、残废者生活补助费等费用。根据《最高人民法院〈关于审理人身损害赔偿案件适用法律若干问题的解释〉》第17条第1、2款、第18条、第19条第1款、第20条第1款、第21条第1款、第22条、第23条第1款、第24条、第25条第1款的规定,本案赔偿范围:医疗费、误工费、护理费、住院伙食补助费、交通费、残疾赔偿金、营养费、精神损害抚慰金等费用。原告欧群兰诉请:1.郴州市第一人民医院住院医药费3334元,本案予以确认;2.误工费2592.4元,应为2311.73元(8610元÷365天×98天),原告诉请高于此标准,本院确认2311.73元;3.护理费2592.4元,应为2311.73元(8610元÷365天×98天),原告诉请高于此标准,本院确认2311.73元;4.残疾赔偿金29670元,应为31234.08元(3904.26元×20年×0.4),原告诉请低于此标准,本院确认29670元;5.营养费900元,本院予以支持;6.住院伙食补助费1068元,应为1176元(12元×98天),原告诉请低于此标准,本院确认1068元;7.法医鉴定费200元(含照相费),本院予以确认;8.救护车费150元,本院予以确认;9.门诊药费134.9元,应为135元(含法医检验费),原告诉请低于此数额,本院确认134.9元;10.交通费161元,本院予以确认;11.精神损害抚慰金20000元,根据《最高人民法院〈关于确定民事侵权精神损害赔偿责任若干问题的解释〉》第8条第2款之规定:"因侵权致人精神损害,造成严重后果的,人民法院……可以根据受害人一方的请求判令其赔偿相应的精神损害抚慰金"。被告邓才安驾车撞伤原告欧群兰并构成七级伤残对原告造成的精神损害是客观存在的,精神损害抚慰金20000元,本院予以支持。被告辩称原告右侧脸部的伤是其违反交通规则自己跌倒造成的,未提供证据证实,原告有《交通警察大队》宜公交认定(2008)第 B065 号交通事故认定书证实,认定被告承担此次事故的主要责任。该事故认定书属于民事诉讼中书证的一种,是由行政职能部门运用专业知识与技能,并经现场勘验、调查后,依法定程序制作的一种文书,来源合法,内容客观真实,因此具有较强的证明力。被告对本次事故的责任划分有异议,但未在法定的期限内申请上级行政机关复议,亦未提供有力的证据来推翻该事故认定书。故被告所辩,本院不予采纳。

  案经本院调解,未能达成一致。依照《中华人民共和国民法通则》第 119 条、第 131 条,《中华人民共和国道路交通安全法》第 38 条、第 61 条和《最高人民法院〈关于审理人身损害赔偿案件适用法律若干问题的解释〉》第 17 条第 1、2 款、第 18 条、第 19 条第 1 款、第 20 条第 1 款、第 21 条第 1 款、第 22 条、第 23 条第 1 款、第 24 条、第 25 条第 1 款及《最高人民法院〈关于确定民事侵权精神损害赔偿责任若干问题的解释〉》第 8 条第 2 款之规定,判决如下:

  一、被告邓才安赔偿原告欧群兰损失总额 59841.36 元(其中:医疗费 3334 元+134.9 元、误工费 2311.73 元、护理费 2311.73 元、残疾赔偿金 29670 元、营养费 500 元、住院伙食补助费 1068 元、法医鉴定费 200 元、救护车费 150 元、交通费 161 元、精神损害抚慰金 20000 元)的 70%,即 41888.95 元。限本判决生效后 10 日内付清。

  二、驳回原告欧群兰的其他诉讼请求。

  如果未按本判决指定的期间履行给付金钱义务,应当按照《中华人民共和国民事诉讼法》第 229 条之规定,加倍支付迟延履行期间的债务利息。

  案件受理费 1320 元,减半收取 660 元,财产保全费 628 元,共计 1288 元,原告欧群兰负担 386 元,被告邓才安负担 902 元。

  如不服本判决,可在判决书送达之日起 15 日内向本院递交上诉状,并按对方当事人的人数提出副本,上诉于湖南省郴州市中级人民法院。

审判员 廖乡城
二〇〇九年四月二十日
书记员 戴松林

3. 裁定书

  在原告起诉后受诉人民法院宣告判决前,原告可以申请撤诉;在原告未依法到庭参加诉讼或未依法缴纳案件受理费时,按撤诉处理。在此两种情形下,人民法院对案件作出撤诉裁定。

  裁定书范例如下。

> **石门市宁西区人民法院**
> **民事裁定书**
>
> (2009)石宁民初字第 28 号
>
> 　　原告张宇信,1975 年 8 月 19 日生,汉族,江西美林集团公司职工,现住江西虹桥区育才街 558 号开园小区 3-2-201。
> 　　委托代理人林刚,江西江源律师事务所律师,一般代理。
> 　　被告河北天远防火材料有限公司,住所地石家庄市桥西区友谊大街 32 号。
> 　　法定代表人刘青,该公司董事长。
> 　　委托代理人张芳,河北天河律师事务所律师。
> 　　本院在审理原告张宇信诉被告河北天远防火材料有限公司人身损害侵权纠纷一案中,原告张宇信以双方已达成和解为由向本院提交撤诉申请。
> 　　本院认为,原告张宇信的申请符合法律规定。依照《中华人民共和国民事诉讼法》第 131 条的规定,裁定如下:
> 　　准许原告张宇信撤回起诉。
> 　　本案案件受理费 3350 元减半收取,由原告张宇信负担 1645 元。
>
> 　　　　　　　　　　　　　　　　　　　　审判长:石　非
> 　　　　　　　　　　　　　　　　　　　　审判员:王晓瑞
> 　　　　　　　　　　　　　　　　　　　　代理审判员:林　林
> 　　　　　　　　　　　　　　　　　　　　二〇〇九年五月三十一日
> 　　　　　　　　　　　　　　　　　　　　书记员:马晓娟

五、开庭审理的具体步骤

　　整个开庭审理分为庭前准备阶段、法庭调查阶段、法庭辩论阶段和法庭调解阶段。实践中很少有案件能够当庭宣判。庭前准备阶段主要是书记员宣读庭审纪律,审判长核对当事人、诉讼代理人及其他诉讼参与人的身份,向当事人释明相关诉讼权利等。法庭调查阶段主要是原告发表诉讼意见、被告答辩、双方就案件事实举证质证等。法庭辩论阶段为双方围绕争议问题从事实和法律方面进行辩论,以反驳对方的主张、支持自己的主张。法庭调解是审判人员根据自愿原则对诉讼双方就争议的问题进行调解,尽可能达成调解协议。如调解不成应尽快判决。

　　普通程序庭审步骤参阅如下,其中"?"表示审判人员或书记员的提问或发言,":"表示当事人、委托代理人的回答或发言。

开庭审理过程

？现在宣布法庭纪律（书记员）……

？首先核对当事人的基本情况，原告讲讲你及委托代理人的基本情况。

：原告王铁锁，1952年10月23日生，汉族，山东小吨村村民，现住本村。

：委托代理人李辉，山东时代律师事务所律师，一般代理。

？被告讲讲你及委托代理人的基本情况。

：被告张宇信，1975年8月19日生，汉族，江西美林集团公司职工，现住新义区人民路558号开园小区3-2-201。

：委托代理人林刚，江西江源律师事务所律师，一般代理。

：被告江西美林集团公司，住所地卢江市中华大街234号，法定代表人吴明，公司董事长。

：委托代理人王华，江西美林集团公司人事部主任，代为承认变更放弃诉讼请求、代为和解、参与调解、提出上诉。

：委托代理人赵明亮，江西江源律师事务所律师，一般代理。

？原告对被告出庭身份有无异议？

：没有。

？被告对原告出庭身份有无异议

：没有。

？双方当事人及其委托代理人的出庭身份符合法律规定，可以参加本案诉讼。

？济南市开新区人民法院根据《中华人民共和国民事诉讼法》第120条之规定，今天依法公开审理王铁锁与张宇信、江西美林集团公司人身损害侵权纠纷一案，现在开庭。

？根据《中华人民共和国民事诉讼法》第40条、42条之规定，今天审理本案由本院审判员张丽担任审判长，与王宇飞、梁思倩组成合议庭，书记员刘晓梅担任本庭记录。

？根据《中华人民共和国民事诉讼法》有关规定，审判员、书记员有下列情况之一的，必须回避，当事人有权用口头或书面方式申请他们回避：1.是本案当事人或当事人、诉讼代理人的近亲属；2.与本案有利害关系；3.与本案当事人有其他关系可能影响对案件公正审理。

？原告是否申请回避？

：不申请。

？被告是否申请回避？

：不申请。

？双方当事人在法庭上享有的权利和义务，在本庭给你们双方送达的受理案件通知书、应诉通知书背面均已印制，庭前已告知，现不再重复。

？根据《民事诉讼证据的若干规定》第3条的规定,当事人应对自己提出的诉讼请求所依据的事实或者反驳对方诉讼请求所依据的事实承担举证责任。当事人没有证据或者提供的证据不足以证明其事实主张的,由负有举证责任的当事人承担不利后果。对举证的要求及其法律后果,原告是否清楚?

：清楚。

？被告是否清楚?

：清楚。

？下面进行法庭调查,首先由原告宣读起诉状(或由原告陈述起诉的理由、事实以及请求解决的事项)。

原告：(宣读起诉状)……

？下面由被告针对原告起诉进行答辩。

被告：(宣读答辩状)……

？根据原告的起诉与被告的答辩,今天法庭调查的重点的问题有两个:1.原告的损失是否由被告承担? 2.原告损失的数额是多少? 对以上法庭调查的焦点问题,原告方有没有要补充的?

：没有。

？被告方有没有要补充的?

：没有。

？下面围绕第一个问题进行调查,由原告陈述,并提供相关的证据。

原告：2008年某月某日,我……。提交证据1,证明……；证据2,证明……；证据3,证明……

？被告对原告提供的证据进行质证,并陈述你方的意见。

被告：原告提供的证据1是复印件,我们要求提供原件进行核实,仅仅提供复印件不能证明事实的真实性,该证据没有证据力；证据2与本案没有关系,不能支持原告主张；证据3是原告单方书写,没有经过被告确认,没有证据力。

？原告,还有新的意见和证据吗?

：没有了。

？被告就法庭调查的第一个问题进行陈述,并提交相关证据。

被告：原告陈述与事实不符,当时……。证据1,证明……；证据2,证明……；证据3,证明……。

？原告对被告提供的证据进行质证。

：证据1上面的章与被告提供的协议上的章不符,说明是被告伪造的,该证明没有证据力；证据2……；证据3……。

？被告,还有新的意见和证据吗

：没有了。

？下面围绕第二个问题进行调查,由原告陈述,并提供相关的证据。

：……

？……

：……

……

？双方都没有新的意见和证据后，法庭调查结束，下面进行法庭辩论，辩论时双方要围绕着法庭调查的重点（如责任的承担、法律的适用或被告有无过错等）发表辩论意见，原告方发言。

：见代理词。

？被告方发言。

：见代理词。

法庭辩论结束。

？原告陈述你方的最后意见。

：希望法院依法支持我方的诉讼请求。

？被告陈述你方的最后意见。

第一被告：依法驳回起诉

第二被告：依法驳回起诉

？下面进行法庭调解。（向双方说明调解有利于生产生活、有利于纠纷的解决……）

？原告，你是否同意调解？

：同意。

？被告，你方是否同意调解？

第一被告：同意。

第二被告：同意。

？原告，讲一下你方的调解意见。

：……

？被告，同意原告的意见吗，讲一下你方的意见。

第一被告：不同意，原告要求过高，我方能给予……

第二被告：不同意。要求太高了……

？因为双方的意见分歧太大，庭上不再组织调解。原、被告双方可以庭下继续商谈。现在休庭。

实训项目六 提起上诉

提起上诉是当事人对第一审人民法院未生效的判决、裁定,在法定期限内声明不服,要求上一级人民法院进行审理并撤销或变更原裁判的诉讼行为。上诉作为当事人的重要诉讼权利之一,是对一审错误裁判的一种救济手段,是维护自己实体权利的重要环节。当事人不服第一审人民法院所做的裁判,除法律另有规定外,均可在法定期限内向上一级人民法院提起上诉。当事人提起上诉的诉讼行为主要是针对第一审判决、裁定的事实认定、法律适用而提起的诉讼行为。

岗位技能

  1. 审查裁判文书 2. 确定上诉请求和理由 3. 撰写上诉状

岗位要求

  1. 要求学生能够审查一审裁判文书,判断是否存在问题,进而确定是否上诉。
  2. 要求学生能够针对有问题的一审裁判提出上诉请求并组织相应的事实与证据材料。
  3. 要求学生学会针对一审裁判撰写上诉状,了解上诉的基本程序等。

工作任务

一、审查一审法律文书,确定是否可以上诉

根据《民事诉讼法》第147条的规定,当事人不服地方人民法院第一审判决的,有权在判决书送达之日起15日内向上一级人民法院提起上诉。当事人不服地方人民法院第一审裁定的,有权在裁定书送达之日起10日内向上一级人民法院提起上诉。

（一）可以上诉的法院裁判文书

我国实行两审终审制度,当事人对第一审裁判不服的都可以依法提起上诉,从而启动二审程序。第二审人民法院作出的裁判为生效裁判,不得上诉。但并不是针对所有的一审裁判都可以上诉,根据我国《民事诉讼法》及其相关司法解释的规定,以下判决或裁定可以上诉：

  1. 地方各级人民法院依照普通程序或简易程序作出一审判决尚未发生法律效力的;

2. 地方各级人民法院作出的不予受理的裁定、驳回起诉的裁定和管辖权异议的裁定。

以下判决、裁定及其他法律文书不得上诉：

1. 已发生法律效力的调解书；
2. 适用特别程序审理案件所作的判决和裁定；
3. 最高人民法院所作的判决和裁定；
4. 依法不能上诉的其他裁定，如财产保全和先予执行、准许或者不准许撤诉、中止或者终结诉讼、补正判决书中的笔误、中止或者终结执行、不予执行仲裁裁决、不予执行公证机关赋予强制执行效力的债权文书和其他需要裁定解决的事项。

（二）上诉期限

根据《民事诉讼法》的规定，判决书的上诉期限是送达之日起的15日内，裁定书的上诉期限是送达之日起的10日内。这个期限是自当事人收到判决书或裁定书后的第2日起算。期间届满的最后一日是法定节假日的，以法定节假日后的第1个工作日为期间届满的日期。

特别要注意的是，普通共同诉讼人的上诉期的计算，是以共同诉讼人各自收到法院裁判书的时间计算，各自独立的行使上诉权。必要的共同诉讼人因共同诉讼人之间诉讼标的有共同利害关系，故上诉期的计算，以最后一个共同诉讼人收到裁判书的时间计算。最后一个共同诉讼人的上诉期满，共同诉讼人不上诉的，即丧失上诉权。人数确定和人数不确定的代表人诉讼，其上诉期可按照《民事诉讼法》第78条的规定计算，其上诉期以其代表人签收法院裁判书之日的第2日起计算。在法定上诉期限内，双方当事人都没有提出上诉的，意味着双方当事人服从第一审判决、裁定，第一审裁判即发生法律效力，双方不得就此裁判提起上诉。

二、根据一审判决情况，结合案件事实确定上诉请求，说明上诉理由

（一）确定上诉请求

上诉请求是针对原审人民法院的裁判提出的，是上诉要达到的目的。上诉请求根据一审裁判的具体情况可以要求撤销原审裁判，要求对原审裁判作部分变更或全部变更。需要注意的是，在确定上诉请求时，不得超出原审裁判的范围，超过的部分一般属于增加诉讼请求，对此，二审人民法院可以调解，调解不成的，当事人只能另行起诉。

《民事诉讼法》第151条规定："第二审人民法院应当对上诉请求的有关事实和适用法律进行审查"。按照"不告不理"的原则，第二审人民法院对上诉案件的审理范围限于当事人上诉请求的有关事实，以及法律适用情况。就是说，对于在一审中已作出认定的事实和裁判的事项，如果当事人双方未提出异议，没有要求第二审人民法院审查与处理的，第二审人民法院对非上诉部分不再审理。因此，上诉请求的提出应该尽量全面，做到不缺项、不漏项。

（二）确定上诉理由

分析原审裁判认定事实和适用法律是否正确。在确定了上诉请求之后，就要分

析、论证不服一审裁判的理由。人民法院审理民事案件必须以事实为根据,以法律为准绳,因此,针对一审裁判提出上诉时一定要分析一审裁判所认定事实和所适用的法律是否正确,其用以认定事实的主要证据是否充分、确凿,适用法律是否有错误等。

(三)分析程序是否违法

分析原审人民法院在审理过程中是否存在违反法定程序,可能影响案件正确判决、裁定的情形。此类情形主要包括:

1. 审理本案的审判人员、书记员、翻译人员、鉴定人等应当回避未回避的;
2. 未经开庭审理而作出判决的;
3. 适用普通程序审理的案件当事人未经传票传唤而缺席判决的;
4. 庭审记录不真实的;
5. 其他严重违反法定程序的;
6. 审判人员在审理该案件时有贪污受贿、徇私舞弊、枉法裁判行为的。

只要原审判决或裁定存在认定事实不清,主要证据不足或适用法律错误的,或者是原审人民法院在审理过程中存在违反法定程序,可能影响案件正确判决、裁定的情形的,都可以作为提起上诉的理由。

三、撰写上诉状,制作证据目录

(一)撰写上诉状

上诉状的内容应当包括当事人的姓名和基本情况,原审人民法院名称、案件的编号和案由,上诉的请求和理由。上诉状首先要简要综述案情全貌,写明原审裁判结果;接着要明确提出对原判全部或哪一部分不服;最后写明具体诉讼请求,是要撤销原判、全部改变原判还是部分变更原判。需要注意的是,上诉理由主要是针对原审裁判而言,而不是针对对方当事人。

1. 上诉人

提起上诉的主体必须合格。根据《民事诉讼法》的规定及最高人民法院的相关司法解释,第一审程序中的原告、被告、共同诉讼人、代表人诉讼中的代表人和被代表的成员以及有独立请求的第三人,由于对诉讼标的具有实体上的权利或义务,可以作为上诉人。经第一审人民法院判决承担民事责任的无独立请求权的第三人因对诉讼标的负有义务而享有上诉权。委托人代理提起上诉的,必须有当事人的特别授权。根据《最高人民法院关于适用民事诉讼法若干问题的意见》第176条的规定,双方当事人和第三人都提出上诉的,均为上诉人。

必要共同诉讼中的一人或部分人提出上诉的,按照《最高人民法院关于适用民事诉讼法若干问题的意见》第177条的规定按下列情况处理:(1)该上诉是针对与对方当事人之间权利义务分担不服的,不涉及其他共同诉讼人利益的,对方当事人为被上诉人,未上诉的同一方当事人依原审诉讼地位列明;(2)该上诉仅对共同诉讼人之间权利义务分担有意见的,不涉及对方当事人利益的,未上诉的同一方当事人为被上诉人,对方当事人依原审诉讼地位列明;(3)该上诉对双方当事人之间以及共同诉讼人之间权利义务承担有意见的,未提出上诉的其他当事人均为被上诉人。

必要的共同诉讼中,共同诉讼人对诉讼标的不存在共同利害关系,他们各自独立享有独立的上诉权,其中一人的上诉行为对其他共同诉讼人不发生拘束力。提起上诉的为上诉人,被提起上诉的人为被上诉人,未提起上诉或者未被提起上诉的普通共同诉讼人均不能列为上诉人和被上诉人,即他们均不参与上级人民法院二审的审理。

人数确定的代表人诉讼,诉讼标的是共同的,其中一人或者部分成员上诉,经未提起上诉的代表人或者其他成员认可,可视为全体成员上诉,将全体代表人诉讼的成员列为上诉人;如果未经没有提起上诉的代表人和部分成员认可,没有提起上诉的代表人和其他诉讼成员以原审诉讼身份,上诉状可不列明。二审人民法院的判决对全体诉讼成员发生法律效力。

人数不确定的代表人诉讼,部分代表人或者部分已登记的诉讼成员提起上诉,其他未提起上诉的代表人和诉讼成员是以原审身份出现,上诉人的上诉状中不列明。二审人民法院的判决对未上诉的代表人诉讼成员有预决效力。

2. 上诉请求

认真审查一审判决书的内容,分析一审判决文书的内容与当事人的诉讼目标的差距,重新确定诉讼目标,进而确定上诉请求。

无论上诉人要求撤销原审裁判还是要求变更原审裁判,文字表达都要具体明确,上诉请求力求开门见山、明确、具体、简洁,如果有多项上诉请求的,应当分项表明。

3. 上诉理由

分析一审裁判文书在事实认定、法律适用以及程序方面是否存在明显错误或者瑕疵,同时仔细分析一审裁判文书在证据确定上的不当之处,这些都可作为上诉的理由。

上诉理由是民事上诉状的核心内容,可以从以下几个方面进行阐述。首先,分析原审裁判认定事实的错误,提出纠正或者否定该错误的事实、证据;其次,指出原审裁判适用法律的不当,提出正当的理由和应当适用的法律依据;最后,就原审裁判在诉讼程序上的错误,提出纠正的法律依据。上诉理由要针对原审裁判的不当之处有理有据的进行反驳、论证。

上诉状范例如下。

民事上诉状

上诉人(原审原告):刘小强,男,1972年4月6日出生,实达公司员工,现住秦皇岛市黄河道6号院3-1-602室,电话:×××××××

被上诉人(原审被告):秦皇岛市×××医院

地址:秦皇岛市长江道45号,电话:×××××××

法定代表人:王铮,院长

上诉人因医疗事故赔偿纠纷一案,不服秦皇岛市××区人民法院2010年12月3日(2010)×法民一初字第00071号判决,现提出上诉。

上 诉 请 求

一、要求二审法院撤销一审判决；

二、要求二审法院认定被上诉人的行为构成侵权；

三、要求二审法院判令被告赔偿我经济损失 12 万元；

四、要求二审法院判令被上诉人向我支付 5 万元精神抚慰金。

上 诉 理 由

一、一审判决认定事实错误

一审判决以上诉人没有提供充分证据为由认定被上诉人的医疗行为没有构成三级医疗事故，甚至没有认定构成医疗差错。上诉人向法院提交的三份证据已形成证据链条，足以证明被上诉人的行为已构成三级医疗事故，严重地侵害了我的人身权。

二、一审法院适用法律不当

一审法院在举证责任的分配上违反了法律规定，医疗事故纠纷应由被告证明自己的行为没有过错，而不是由原告即上诉人负举证责任。医疗事故纠纷的特殊性决定了我们患者相对于医院是非常弱势的一方，自己无法完成举证责任，必须由医院方来证明自己的医疗行为的正当性。二审法院的做法明显违法，错误的适用了法律，最终导致了错误的判决。

三、被上诉人的行为给我造成了很大的疼苦，严重的影响我的生活，因此应对我进行精神赔偿。

综上所述，请求二审法院撤销一审判决，支持我的上诉请求。

此致

秦皇岛市中级人民法院

上诉人：刘小强
2010 年 12 月 20 日

附：1. 本上诉状副本 1 份；

2. 证据材料××份。

（二）提交新证据

上诉时如果有新的证据需要提交，应及时收集整理并制作证据目录，在法定或法院指定的期限内提交法院。新证据是指：1. 一审庭审结束后新发现的证据；2. 当事人在一审举证期限届满前申请人民法院调查取证未获准许，第二审人民法院经审查认为应当准许并依当事人申请调取的证据；3. 当事人经人民法院准许延期举证，但因客观原因未能在准许的期限内提供，且不审理该证据可能导致裁判明显不公的。

新证据应当在二审开庭前或者开庭审理时提出；二审不开庭审理的，应当在人民法院指定的期限内提出。当事人举证期限届满后提供的证据不是新的证据的，人民法院不予采纳。

四、上诉的提起和撤回

(一)提起上诉

当事人提起上诉,原则上应通过原审人民法院提出上诉,并按照对方当事人人数提出上诉状副本。如果需要提交新证据的,也应按照对方当事人人数提交证据复印件。这样既便于当事人提出上诉,又便于原审人民法院进行审查,如有不符之处,可以及时给当事人指出,通知其补正。但当事人不愿意通过原审人民法院提交上诉状的,可以直接向第二审人民法院立案庭提交上诉状及证据。第二审人民法院在接受后5日内会将上诉状及证据交原审人民法院。

原审人民法院在收到上诉状后,会在5日内将上诉状副本、证据送达对方当事人,并通知其15日的答辩期。对方当事人不提交答辩状的,不影响人民法院审理。原审人民法院收到上诉状、答辩状后,应当在5日内连同全部案卷和证据报送第二审人民法院。

第二审人民法院立案庭收到原审人民法院报送的上诉状、答辩状以及一审全部案卷和证据材料后,将案件分至业务庭,再由业务庭向双方当事人送达开庭传票。

(二)撤回上诉

上诉人在上诉后,第二审判决宣告前,可以向第二审人民法院申请撤回上诉,是否准许,则由第二审人民法院裁定。经第二审人民法院审查认为第一审判决有错误,或者双方当事人串通损害国家和集体利益、社会公共利益及他人合法权益的,第二审人民法院不会准许撤回上诉。第二审人民法院裁定准许撤回上诉的,第二审程序即告终结;第二审人民法院裁定不准撤回上诉的,第二审程序继续。第二审人民法院对不准上诉人撤回上诉的,可用口头裁定驳回,并将裁定内容记入笔录;准予上诉人撤回上诉的,应以书面形式作出裁定。第二审人民法院就撤回上诉作出的裁定是终审裁定,不能上诉。

撤回上诉申请书范例如下。

撤回上诉申请

申请人(原审原告):刘小强,男,1972年4月6日出生,实达公司员工,现住秦皇岛市黄河道6号院3-1-602室

被申请人(原审被告):秦皇岛市×××医院

地址:秦皇岛市长江道45号

法定代表人:王铮

申请人因医疗事故纠纷一案,现提出上诉。

原上诉案由:医疗事故赔偿纠纷

申请事项:申请人于2010年12月20日就不服秦皇岛市××区人民法院2010年12月3日(2010)×法民一初字第00071号判决,向你院上诉被申请人医疗事故赔偿纠纷一案,你院已受理。

> 撤回上诉请求与理由：
>
> 　　现申请人与被申请人经过协商已达成和解协议，被申请人自愿向申请人支付15万元人民币。申请人的上诉目的已经达到，双方纠纷已经解决。依据《民事诉讼法》第114条规定，特申请撤回上诉，请予批准。
>
> 　　此致
>
> 秦皇岛市中级人民法院
>
> 申请人：刘小强
2011年2月13日

（三）预交二审诉讼费

《人民法院诉讼收费办法》第13条第2款规定："上诉案件的诉讼费用，由上诉人向人民法院提交上诉状时预交。双方当事人都提出上诉的，由上诉的双方当事人分别预交。上诉人在上诉期内未预交诉讼费用的，人民法院应当通知其预交。上诉人在接到人民法院预交诉讼费用的通知后7日内仍未预交又不提出缓交申请的，按自动撤回上诉处理"。所以，所有的上诉人，只要提起上诉时，都应当按照规定预交诉讼费。需要注意的是一般情况下，上诉人向原审人民法院只提交上诉状，而是经原审法官签字说明后到第二审人民法院预交上诉费。

当原审人民法院与第二审人民法院不在同一城市时，上诉人也可向原审人民法院预交上诉费，原审人民法院收到上诉人预交上诉费单据后，将单据邮寄第二审人民法院。没有在接到人民法院预交诉讼费用的通知后7日内预交上诉案件受理费的，以及没有将收费单据交还人民法院的，第二审人民法院将依据最高人民法院1998年19号批复的规定，裁定自动撤回上诉。

人民法院二审诉讼费按照一审诉讼费收取。二审终结后，上诉人依据判决书、裁定书或者调解书确定的应交纳的诉讼费数额在第二审人民法院结算，由第二审人民法院出具诉讼费结算专用票据。

五、被上诉人答辩

民事上诉案件答辩状的基本内容和写法要求与一审答辩状基本相同，制作时可相互参照。上诉人提出上诉，被上诉人提出答辩，是诉讼辩论原则的体现。有的被上诉人认为自己有理，对上诉人的上诉不予理睬，放弃答辩权。这虽然不影响第二审人民法院对案件的审理，但等于被上诉人放弃了辩论的机会和权利。第二审人民法院审理上诉案件是根据上诉人的上诉请求和理由、被上诉人的答辩请求和理由所涉及的实体问题、法律问题、程序问题的范围进行审理，并非对一审裁判在认定事实和适用法律上进行全面审查。也就是说，对于原审判决后，上诉人、被上诉人不再争议的部分，原则上不再审查,人民法院尊重当事人的处分权利。因此,除针对上诉人的上诉所涉及的有关事实、法律、程序等问题答辩外,被上诉人如果认为某些问题还有必要提出,应在答辩的同时一并提出。

二审答辩状范例如下。

答 辩 状

答辩人:秦皇岛市×××医院

法定代表人:王铮

地址:秦皇岛市长江道45号

被答辩人:刘小强,男,1972年4月6日出生,实达公司员工,现住秦皇岛市黄河道6号院3-1-602室

答辩人就被答辩人因医疗事故纠纷一案的上诉请求答辩如下:

要求驳回上诉人的上诉请求,维持秦皇岛市××区人民法院2010年12月3日(2010)×法民一初字第00071号判决。

事实与理由:

一审法院在尊重双方当事人的情况下作出了合理、合法的判决,对事实的认定正确,对法律的适用准确。

上诉人所述的我院对其实施的手术有差错,属于三级医疗事故,没有任何有利的证据支持;其生活受到影响的原因并非手术所致,是其自身的身体原因所致。

故,要求驳回上诉人的上诉请求,维持一审判决。

此致

秦皇岛市市中级人民法院

答辩人:秦皇岛市×××医院

法定代表人:王铮

2011年1月25日

注意,二审不能反诉。二审中,作为一审是被告的上诉人不能在上诉中提起反诉,被上诉人也不能在答辩时提起反诉。反诉是指在已经开始进行的一审诉讼过程中,被告以本诉的原告为被告,向本诉的受诉人民法院提出的与本诉的诉讼标的有直接联系的独立的诉讼请求。反诉只能在第一审诉讼中提出,准确地说,必须在一审举证期限届满前提起,而不能在二审中提起。因为,我国民事诉讼实行二审终审制,如允许在二审中反诉,就会使得反诉的诉讼请求不能进行第一审的审理,而只能进行第二审的审理,从而违背了二审终审制度。因此,上诉人和被上诉人在二审时均不能提出反诉。如果必须反诉,则应在一审时提起;如一审未提起,二审时不能再提反诉,可以就该诉讼请求另行起诉。

实训项目七 二审程序

二审程序是当事人对第一审人民法院所作的未发生法律效力的裁判不服,提起上诉,第二审人民法院对判决或裁定的认定事实、适用法律进行审理时所应当遵循的步骤、方式和方法。二审程序是民事诉讼中一个独立的诉讼阶段,实践中,二审程序是由当事人以提起上诉的方式启动。

岗位技能

1. 上诉的受理　　2. 上诉的审理与裁判

岗位要求

1. 要求学生能够审查上诉材料并判断是否符合受理条件。
2. 要求学生能够独立操作二审程序并根据案情正确选择处理方式。

工作任务

一、上诉的受理

(一)上诉材料的接受和移送

一个案件经过第一审人民法院的审理后,任何一方当事人不服一审裁判提起上诉的,通常应通过原一审人民法院提交上诉状,实践中也有的上诉人会直接向第二审人民法院提起上诉,此时,第二审人民法院应当在收到当事人上诉状之日起5日内将上诉状移交给原一审人民法院。原一审人民法院收到上诉状后应在5日内向被上诉人送达该上诉状副本,被上诉人在收到上诉状副本之日起15日内向人民法院提交答辩状,一审人民法院收到答辩状后5日内将答辩状副本送达上诉人。原一审人民法院在收齐上诉状和答辩状后,应在5日内将该案全部材料连同上诉状、答辩状一并报送至第二审人民法院。

(二)上诉材料的审查

第二审人民法院收到第一审人民法院报送的上诉材料之后,应当进行逐项审查,以确定是否受理上诉。

1. 审查上诉人是否具备主体资格

有权针对原一审裁判提出上诉的通常只能是原一审案件的当事人,即原一审案件中的原告、被告、有独立请求权的第三人。无独立请求权的第三人一般不得提起上诉,但是,如果根据一审判决结果需要该第三人承担实体义务的,则该无独立请求权的第三人有权提起上诉。人民法院在审查上诉人资格时要结合上诉状和原审案卷确定上诉人是否合格。

2. 审查原审裁判文书是否可以上诉

我国在审判上实行的是两审终审制,当事人对一审裁判不服的可以依法提起上诉,从而启动二审程序。第二审人民法院作出的判决为生效判决,不得上诉。但并不是针对所有的一审裁判都可以上诉。根据我国《民事诉讼法》及其相关司法解释的规定,可以提起上诉的判决主要是地方各级人民法院依照普通程序或简易程序作出的尚未发生法律效力的一审判决。如果该判决已经发生了法律效力,则当事人不得上诉,认为该判决结果有错误的,可以通过审判监督程序解决。可以提起上诉的裁定主要是地方各级人民法院作出的不予受理的裁定、驳回起诉的裁定、管辖权异议的裁定以及驳回破产申请的裁定。

以下判决、裁定及其他法律文书不得上诉:

(1) 已发生法律效力的调解书;

(2) 适用特别程序、公示催告程序审理案件所作的判决;

(3) 最高人民法院所作的判决和裁定;

(4) 依法不能上诉的其他裁定,如财产保全和先予执行、准许或者不准许撤诉、中止或者终结诉讼、补正判决书中的笔误、中止或者终结执行、不予执行仲裁裁决、不予执行公证机关赋予强制执行效力的债权文书和其他需要裁定解决的事项。

3. 审查上诉是否超过法定期限

根据《民事诉讼法》的规定,判决书的上诉期限是自判决书送达之日起的15日内,裁定书的上诉期限是自裁定书送达之日起的10日内。这个期限自当事人收到判决书或裁定书后的第2日起算。期间届满的最后一日是法定节假日的,以法定节假日后的第1个工作日为期间届满的日期。如果双方当事人收到裁判文书的日期不同,各自分别计算上诉期限。在法定上诉期限内,双方当事人都没有提出上诉的,一审裁判即发生法律效力,双方不得就此裁判文书提起上诉。

(三) 上诉的受理

第二审人民法院通过对上诉材料和一审案卷的审查,对于符合上诉条件的案件予以立案,并依法组成合议庭进行审理,对于不符合上诉条件的案件裁定不予受理。注意,决定受理的无须下达裁定书,即可径行开展审理工作;而不予受理时则需要以裁定的方式作出,并将裁定书送达当事人。第二审人民法院在审查上诉案件时,如果发现经过第 审的案件依法应有诉讼前置程序的(如劳动纠纷案件应首先经劳动仲裁机关进行仲裁),应裁定撤销原审判决,并告知当事人向有管辖权的部门申请处理。

二、上诉的审理与裁判

(一) 依法组成合议庭并审查案件是否需要开庭审理

对于符合上诉条件的案件,第二审人民法院应依法组成合议庭进行审理,二审合议庭成员全部由审判员担任,不得由陪审员担任。根据《民事诉讼法》第152条的规定,第二审人民法院对上诉案件,应当组成合议庭,开庭审理。经过阅卷和调查,询问当事人,在事实核对清楚后,合议庭认为不需要开庭审理的,也可以径行判决、裁定。第二审人民法院审理上诉案件,可以在本院进行,也可以到案件发生地或者原审人民法院所在地进行。

根据最高人民法院《关于适用〈中华人民共和国民事诉讼法〉若干问题的意见》第188的规定,第二审人民法院对下列上诉案件,可以依照《民事诉讼法》第152条的规定径行判决、裁定:

1. 一审就不予受理、驳回起诉和管辖权异议作出裁定的案件;
2. 当事人提出的上诉请求明显不能成立的案件;
3. 原审裁判认定事实清楚,但适用法律错误的案件;
4. 原判决违反法定程序,可能影响案件正确判决,需要发回重审的案件。

径行判决、裁定并不是书面审理,而是通过阅卷、调查、询问当事人等,在事实核对清楚后对案件作出处理的情形。但是,在二审中如果有新证据出现的,则应当开庭审理,不得径行作出裁判。

(二)依法审理案件,并根据案件具体情况分别作出处理

第二审人民法院依法组成合议庭后应将合议庭组成情况告知当事人,当事人依法可以申请回避。合议庭审理上诉案件时,需要询问当事人或其他诉讼参与人的,应以传票或通知的形式要求其到庭接受询问,实践中也常以电话方式通知。第二审人民法院开庭审理上诉案件的,其庭审程序大致与一审相同。通过对案件的审理,根据具体案情,第二审人民法院可以对上诉案件分别作出以下处理。

1. 驳回上诉,维持原审判决或裁定

第二审人民法院通过审理,如果认为原审判决或裁定认定事实清楚、证据充分、使用法律正确,应驳回上诉,维持原审判决或裁定。注意,维持原判的用判决的形式,维持原裁定的用裁定的形式。

2. 撤销原判,发回重审

第二审人民法院如果发现原审判决认定事实不清、证据不足或认定事实有误等情况,应裁定撤销原判,发回重审。此外,如发现原判决违反法定程序,可能影响案件正确判决的,也应当裁定撤销原判,发回重审。

3. 依法改判或依法改变原审裁定

第二审人民法院如果发现原判决适用法律错误的,应当依法改判。对于原审判决认定事实不清、证据不足或认定事实有误的,既可以裁定撤销原判,发回重审,也可以查清事实后予以改判。对于原审裁定,如存在事实不清、证据不足、适用法律有误等情况,第二审人民法院应裁定撤销原裁定,并根据具体情况指令第一审人民法院依法进行相应的诉讼程序。如对于第一审人民法院作出的不予受理的裁定,第二审人民法院发现原裁定有误的,应在裁定撤销原裁定的同时,指令第一审人民法院立案受理。

4. 依法调解

对于第一审判决中遗漏诉讼请求的或者遗漏必要共同诉讼人的情况,第二审人民法院可以针对所遗漏的请求事项或被遗漏的共同诉讼人的权益依法进行调解,调解不

成的,应当裁定撤销原判,发回重审,由原第一审人民法院重新审理时对所遗漏的请求事项进行审理,对所遗漏的必要共同诉讼人进行追加。对于当事人在第二审程序中新增加诉讼请求或者被告在二审程序中提出反诉的情形,第二审人民法院同样可以调解,调解不成的,应当告知当事人就新增诉讼请求或反诉请求另行起诉。对于第一审判决不准离婚的上诉案件,如果第二审人民法院认为应当判决离婚的,可以就夫妻财产分割问题和子女抚养问题进行调解,调解不成的,应裁定撤销原判决,发回重审。

根据《民事诉讼法》第159条的规定,人民法院审理对判决的上诉案件,应当在第二审立案之日起3个月内审结。有特殊情况需要延长的,由本院院长批准。人民法院审理对裁定的上诉案件,应当在第二审立案之日起30日内作出终审裁定。因此,合议庭应在法定的期限内审结上诉案件,如有特殊情况,不能在法定期限内审结的,应当及时办理延期手续,并将延期情况告知当事人。

二审判决书范例如下。

××省××市中级人民法院
民事判决书

(2011)×民终字第013号

上诉人(原审被告):张金明,男,1980年5月7日生,汉族,农民,住××市达摩县鲁山镇留营村。

委托代理人:冯军、张全保,××市中伦律师事务所律师。

被上诉人(原审原告):宋文丽,女,1982年9月3日出生,农民,住××市达摩县鲁山镇望台村。

委托代理人:杜建华,××市运达事务所律师。

上诉人张金明因解除非法同居一案,不服达摩县人民法院(2010)达民初字第18号民事判决,向本院提起上诉。

本院依法组成合议庭,公开开庭审理了本案。上诉人张金明及其委托代理人冯军、张宝全,被上诉人宋文丽及其委托代理人杜建华到庭参加诉讼。本案现已审理终结。

原审法院经审理查明,上诉人张金明与被上诉人宋文丽于2003年3月经人介绍结婚,2005年双方在县城做生意期间,上诉人张金明因故意伤害他人而被判刑入狱。在上诉人服刑期间,被上诉人宋文丽无力继续经营生意,转让了店面,带着一岁的孩子回老家居住。2007年4月上诉人张金明出狱,因怀疑宋春丽与其他男子有不正当男女关系而经常对其实施家庭暴力,并沾染赌博恶习。2008年5月双方协议离婚,并对财产进行了分割,约定儿子由双方轮流抚养,每人半年。2009年9月被上诉人向原审法院起诉要求独立抚养儿子。原审法院作出(2010)达民初字第18号民事判决书,判决子女归被上诉人宋春丽抚养,上诉人每年支付抚养费4500元,案件受理费50元由上诉人承担。上诉人不服一审判决,上诉至本院,上诉理由为:父母均有抚养子女的权利和义务,双方的离婚协议合法有效,应按离婚协议轮流抚养子女。被上诉人辩称,上诉人抚养子女期间不能正常照顾孩子,长期沉迷于赌博、饮酒等不良行为,孩子的衣食住行都不能得到正常的照料,孩子年龄尚小,应由母亲抚养。本院经审理查明事实与原审一致。

  本院认为,父母均有抚养子女的权利和义务,双方自愿达成的离婚协议合法有效,但离婚后父母及子女生活状况发生变化的,当事人有权请求重新处理子女抚养问题。现根据《中华人民共和国民事诉讼法》第153条第1款之规定,判决如下:

  一、驳回上诉人的上述请求,维持原审判决;

  二、上诉案件受理费50元,由上诉人承担。

  本判决为终审判决。

审判长 ×××

审判员 ×××

代理审判员 ×××

2011年3月14日

(院印)

书记员 ×××

实训项目八　申请执行

民事执行是人民法院的一项重要的诉讼活动。人民法院作出的已经发生法律效力的判决或裁定,对于诉讼当事人双方均具有严格的约束力,一方当事人不履行判决、裁定中已经确定的义务,另一方当事人可以向人民法院提出申请,要求法院依照法定程序,采取强制措施,迫使对方当事人履行判决、裁定中确定的义务。实践中,执行往往以强制措施为手段,因而我们也称执行为强制执行。执行程序是民事诉讼程序的最后阶段,是使具有执行效力的法律文书得以实施的重要环节。但执行程序并不是民事诉讼的必经程序,只有当一方当事人拒不履行生效判决或裁定时,经对方当事人申请才能开始。如果义务人已经自觉履行了义务,则不产生执行的问题。执行问题是我国司法实践中的一个难题,涉及的法律条文,特别是新增的司法解释比较多。

岗位技能

1. 执行根据和执行条件的审查　2. 执行程序　3. 执行措施

岗位要求

1. 要求学生掌握执行执行管辖、执行根据和申请执行的条件等重点内容。
2. 要求学生掌握执行的一般程序。
3. 要求学生掌握常见的执行措施。

工作任务

一、执行根据和执行条件

(一) 人民法院的执行机构

我国各级人民法院均可设立执行机构,将审执分立作为一项司法制度确定下来,在人民法院内部设立执行庭。执行庭由执行员、书记员和其他辅助人员组成,在法院院长的领导下,接受申请执行,负责办理执行案件。执行庭设庭长一人,副庭长若干人,庭长、副庭长和执行员均由审判员担任。执行工作由执行员具体负责,特殊案件必要时由司法警察参加,书记员主要负责做好执行笔录以及协助执行员办理其他有关执行工作。

执行庭办理下列案件时需要组成合议庭进行评议:

1. 重大、复杂和疑难案件执行方案的确定;

2. 对仲裁裁决、公证债权文书、行政处罚和处理决定书不予执行的审查、裁定；
3. 对变更和追加被执行人的审查、裁定；
4. 对案外人异议的审查、裁定；
5. 第三人对到期债权异议的审查、裁定；
6. 中止和终结执行的裁定；
7. 对妨害执行的行为人决定采取强制措施的审查、决定。

（二）执行根据

执行根据是当事人和执行机关据以采取执行措施的生效法律文书。民事执行的前提条件是有生效的法律文书，没有法律文书或者法律文书尚未生效，执行工作都不能进行。作为执行根据的法律文书包括：

1. 人民法院制作的具有给付内容的民事判决书、裁定书、调解书、支付令以及民事制裁决定书；
2. 人民法院制作的先予执行、财产保全裁定书；
3. 人民法院制作的刑事判决书、裁定书中的财产部分以及刑事附带民事判决书、裁定书和调解书；
4. 人民法院制作的行政判决书、裁定书以及行政赔偿调解书；
5. 人民法院制作的承认和执行外国法院作出的判决、裁定以及外国仲裁机构裁决的裁决；
6. 仲裁机构作出的具有给付内容的仲裁裁决书、调解书；
7. 公证机构制作的依法赋予强制执行效力的债权文书；
8. 行政机关制作的依法由人民法院执行的行政处罚决定书和行政处理决定书；
9. 人民法院制作的承认和执行外国法院判决或仲裁机构裁决的裁定；
10. 人民法院认为应当执行的其他法律文书。

（三）法院受理申请执行的条件和期限

1. 申请执行的条件

（1）申请执行的主体必须是生效法律文书确定的权利人或其继承人，权利继受人；
（2）当事人申请执行必须遵守法律规定的申请执行的期限；
（3）要提交以给付为内容的执行根据；
（4）被执行人逾期不履行或拒绝履行生效法律文书确定的义务；
（5）当事人必须向有管辖权的人民法院提交必要的文件和证件；
（6）向管辖法院缴纳申请执行费用。

2. 执行费用的计算

根据国务院《诉讼费用缴纳办法》第14条的规定，依法向人民法院申请执行人民法院发生法律效力的判决、裁定、调解书，仲裁机构依法作出的裁决和调解书，公证机关依法赋予强制执行效力的债权文书，申请承认和执行外国法院判决、裁定以及国外仲裁机构裁决的，按照下列标准交纳。

（1）没有执行金额或者价额的，每件交纳50元至500元。

(2) 执行金额或者价额不超过1万元的,每件交纳50元;超过1万元至50万元的部分,按照1.5%交纳;超过50万元至500万元的部分,按照1%交纳;超过500万元至1000万元的部分,按照0.5%交纳;超过1000万元的部分,按照0.1%交纳。

(3) 符合民事诉讼法第55条第4款规定,未参加登记的权利人向人民法院提起诉讼的,按照本项规定的标准交纳申请费,不再交纳案件受理费。

申请保全措施的,实际保全的财产数额不超过1000元或者不涉及财产数额的,每件交纳30元;超过1000元至10万元的部分,按照1%交纳;超过10万元的部分,按照0.5%交纳。但是,当事人申请保全措施交纳的费用最多不超过5000元。

3. 申请执行的期限

(1) 申请执行的期间为2年。

(2) 申请执行时效的中止、中断,适用法律有关诉讼时效中止、中断的规定。

(3) 申请执行的期间,从法律文书规定履行期间的最后一日起计算;法律文书规定分期履行的,从规定的每次履行期间的最后一日起计算;法律文书未规定履行期间的,从法律文书生效之日起计算。

(四) 执行管辖

执行管辖是各级人民法院之间,同级的各个人民法院之间受理执行案件的分工和权限,解决的是生效法律文书由哪个法院执行的问题。《民事诉讼法》第201条第1款规定:"发生法律效力的民事判决、裁定,以及刑事判决、裁定中的财产部分,由第一审人民法院或者与第一审人民法院同级的被执行的财产所在地人民法院执行。"根据此条规定和《最高人民法院关于适用〈中华人民共和国民事诉讼法〉执行程序若干问题的解释》的相关规定,我国执行案件的管辖有以下几种情况。

1. 判决书、裁定书、调解书、支付令、制裁决定书和刑事判决书、裁定书、调解书中的财产部分以及行政判决书、裁定书由第一审人民法院或者与第一审人民法院同级的被执行的财产所在地人民法院执行。

2. 人民法院制作的先予执行、财产保全裁定书,由被申请人住所地或者财产所在地的基层人民法院执行。

3. 人民法院制作的承认和执行外国法院作出的判决、裁定以及外国仲裁机构裁决的裁决,由被执行人住所地或者被执行财产所在地中级人民法院管辖。

4. 仲裁机构作出的仲裁裁决书、调解书,由被执行人住所地或者被执行财产所在地人民法院管辖。

5. 公证机构制作的依法赋予强制执行效力的债权文书,由被执行人住所地或者被执行财产所在地人民法院管辖。

6. 行政机关制作的依法由人民法院执行的行政处罚决定书和行政处理决定书,由被执行人住所地或者申请执行的行政机关所在地基层人民法院管辖。

7. 我国涉外仲裁机构作出的仲裁裁决,由债务人住所地或者被执行的财产所在地的中级人民法院管辖。

8. 涉外仲裁中当事人申请财产保全,经仲裁机构提交人民法院的,由被申请人住所地或被申请保全的财产所在地中级人民法院执行;申请证据保全的,由证据所在地的中级人民法院裁定并执行。

9. 专利管理机关依法作出的处理决定和处罚决定,由被执行人住所地或财产所在地的省、自治区、直辖市有权受理专利纠纷案件的中级人民法院管辖。

10. 国务院各部门、各省、自治区、直辖市人民政府和海关依照法律、法规作出的处理决定和处罚决定,由被执行人住所地或财产所在地的中级人民法院管辖。

11. 对两个以上人民法院都有管辖权的执行案件,当事人可以向其中一个人民法院申请执行,人民法院在立案前发现其他有管辖权的人民法院已经立案的,不得重复立案;立案后发现其他有管辖权的人民法院已经立案的,应当撤销案件,已经采取执行措施的,应当将控制的财产交先立案的执行法院处理。

12. 对人民法院采取财产保全措施的案件,申请执行人向采取保全措施的人民法院以外的其他有管辖权的人民法院申请执行的,采取保全措施的人民法院应当将保全的财产交执行法院处理。

13. 人民法院之间因执行管辖问题发生争议的,由争议双方协商解决;协商不成的,报请双方的共同上级法院指定管辖。

14. 人民法院发现受理的执行案件不属于本法院管辖的,应当将案件移送给有管辖权的人民法院执行,受移送的人民法院应当执行,不得再移送;如果受移送的人民法院认为执行案件依法不属于本法院管辖的,应当报请其上级法院决定。

15. 下级人民法院管辖的执行案件,因特殊情况不能执行或不便执行时,可以在征得上级人民法院同意后,报请上级人民法院执行;各级人民法院管辖的执行案件,必要时也可移交下级人民法院执行。

16. 人民法院自收到申请执行书之日起超过 6 个月未执行的,申请执行人可以向上一级人民法院申请执行。上一级人民法院经审查,可以责令原人民法院在一定期限内执行,也可以决定由本院执行或者指令其他人民法院执行。

17. 被执行人或者被执行的财产在外地的,可以委托当地人民法院代为执行。受托人民法院自收到委托函件之日起 15 日内不执行的,委托人民法院可以请求受委托人民法院的上级人民法院指令受委托人民法院执行。

(五)申请执行提交的材料

1. 申请执行书。

写明申请执行的依据、理由、事项、执行标的、金额(本金、利息、诉讼费、保全费等)以及申请执行人所了解的被申请人的财产状况。

申请执行书范例如下。

执行申请书

申请执行人:敬丹,男,1966 年 7 月 12 日出生,汉族,无业,住河北省石家庄市淮东路 423 号

被申请执行人:石家庄市怀远塑料厂

> 负责人：苏远,厂长
> 地址：石家庄市长城路23号
> 请求事项：
> 　　强制被申请执行人履行石家庄市城南区人民法院(2007)城民一初字第286号民事判决确定的义务。
> 　　事实和理由：
> 　　申请执行人和被申请执行人之间公路货物运输合同纠纷一案,业经石家庄市城南区人民法院审理,以(2007)城民一初字第286号民事判决书判决在案。现判决已确定多日,被申请执行人拒不按照判决履行义务,致使申请执行人之合法权益受到严重侵害。
> 　　根据《中华人民共和国民事诉讼法》第207条、232条之规定,申请贵院给予强制执行,以维护申请执行人的合法权益。
> 　　此致
> 石家庄市城南区人民法院
>
> 　　　　　　　　　　　　　　　　　　申请执行人：敬丹
> 　　　　　　　　　　　　　　　　　　二〇〇七年十一月三日
> 附：(2007)城民一初字第286号民事判决书一份

　　2. 生效法律文书副本。

　　3. 申请执行人的身份证明：公民个人申请的应当出示居民身份证；法人申请的,应当提交法人营业执照副本和法定代表人身份证明；其他组织申请的,应当提交营业执照副本和主要负责人身份证明；继承人或权利继受人申请执行的,应当提交继承或继受权利的证明。

　　4. 代为申请执行的,应提交授权委托书；律师提交律师执业证复印件及所在律师事务所致法院函。

　　5. 申请执行人是涉外、涉港澳台的,必须提供经公证、认证材料(董事会决议、法人身份证明书、授权委托书、商业登记的复印件等)。

二、执行程序

　　1. 当事人提交强制执行申请书,并提交相关文件和证件。

　　2. 执行庭审查、立案、发出执行或不予受理通知。

　　对当事人提交的执行案件的申请,执行庭先要从程序上进行形式审查。通过审查,认为当事人的申请在程序上符合要求,应当在7日内予以立案；不符合立案条件的,应当在7日内裁定不予受理。执行立案后,应当在3日内向被执行人发出执行通知或执行令。

受理执行案件通知书范例如下。

河北省××市人民法院
受理案件通知书

(2009)×执字第122号

霍海欢：

你申请执行 与赵建设贷款合同纠纷 一案的申请书已收到，经审查，申请符合法定受理条件，本院决定立案审理，并将有关事项通知如下：

一、在执行过程中，当事人必须依法行使诉讼权利；

二、如需委托代理人代为诉讼，应向本院民一庭递交由委托人签名或盖章的授权委托书。授权委托书须记明委托事项和权限。

三、申请人在申请过程中，申请人是单位的应提供单位代码、法人身份证明、联系方式，是个人的要提供身份证号码和联系方式等。

二○○九年六月二十六日

（加院印）

---

3. 附条件变更执行法院制度。人民法院自收到申请执行书之日起超过6个月未执行的，申请执行人可以向上一级人民法院申请执行。上一级人民法院经审查，可以责令原人民法院在一定期限内执行，也可以决定由本院执行或者指令其他人民法院执行。

4. 执行中的特殊问题。

（1）暂缓执行

暂缓执行是在执行的过程中，人民法院因法定事由依职权或根据当事人、其他利害关系人的申请，决定对某一项或几项执行措施在规定的期限内提供担保暂缓执行的一种制度。如若期限届满被执行人仍不履行法定义务，则人民法院有权就担保物进行执行。

根据我国现有立法、司法解释的规定以及执行实践的做法，执行程序开始后，除法定事由外，人民法院不得决定暂缓执行。这些法定事实和理由包括：① 执行措施或者执行程序违反法律规定的；② 执行标的物存在权属争议的；③ 被执行人对申请执行人享有抵消权的；④ 被执行人向人民法院提供担保，并经申请执行人同意的。

另外，人民法院也可以依职权决定暂缓执行，这包括：① 上级人民法院已经受理执行争议案件并正在处理的，此时暂缓执行的决定是由上级法院作出；② 人民法院发现据以执行的生效法律文书确有错误，并正在按照审判监督程序进行审查的；③ 执行人员在执行本院判决、裁定、调解书和支付令发现确有错误的，应当提出书面意见，报请院长审查处理。在执行上级人民法院的判决、裁定、和调解书时，发现确有错误的，可提出书面意见，经院长批准，函请上级人民法院审查处理。在审查处理期间，执行局可以报经院长决定对执行标的暂缓采取处分性措施，并通知当事人；④ 委托执行中，案外人对执行标的提出异议的,受委托人民法院应当函告委托人民法院,由委托人民法院通知驳回或者作出中止执行的裁定。在此期间,暂缓执行。

暂缓执行由执行法院或上级人民法院作出决定,并由该级人民法院的执行局制作暂缓执行决定书。决定书送达后立即发生法律效力,不存在复议和上诉的问题。

暂缓执行的期间一般不得超过3个月,因特殊事由,可以适当延长,延长的期限不得超过3个月。暂缓执行期间内,申请执行人不得要求被执行人履行义务;被执行人在暂缓执行期间内若对担保的财产有转移、隐匿、变卖、毁损等行为的,人民法院可随时恢复执行;暂缓执行期限届满,被执行人仍不履行应当履行的义务的,人民法院可直接执行担保财产。

(2) 中止执行

中止执行是在执行过程中,发生了一些特殊事由,导致执行程序暂时停止,这些事由如下。

① 申请人提出延期执行。

② 当事人、利害关系人对执行的财产提出异议;在执行开始后尚未执行完毕前,当事人、利害关系人对执行标的提出书面异议的,人民法院应当自收到书面异议之日起15日内进行审查。理由成立的,由院长批准中止执行;异议理由不成立的,裁定予以驳回。当事人、利害关系人对裁定不服的,可以自裁定送达之日起10日内向上一级人民法院申请复议。复议期间,不停止执行。提出执行异议的,应当提交执行异议申请书。

执行异议申请书范例如下。

执行异议申请书

申请人:张翠华,女,1945年5月3日出生,满族,无业,住河北省乐新市思安镇六马村二组,身份证号1301××1945050358××。

请求事项:被执行人赵和与田天水借款纠纷一案,业经乐新市人民法院一审判决终结,现已进入执行程序。申请人与被执行人赵和系夫妻关系。诉争执行标的为赵和每月工资收入,系申请人与被执行人夫妻共同财产和生活必需,贵院的强制执行行为,侵害了申请人和被执行人的合法权益,特提出异议。

事实和理由:贵院受理赵和与田天水借款纠纷执行一案,并于2006年12月14日在强制执行中将赵和的银行工资卡给予冻结,申请人对此提出如下异议:

贵院所冻结的银行工资卡是申请人和被执行人的夫妻共同财产。根据我国《民事诉讼法》第222条之规定:"被执行人未按执行通知履行法律文书确定的义务,人民法院有权扣留、提取被执行人应当履行义务部分的收入。但应当保留被执行人及其所扶养家属的生活必需费用。"《最高人民法院关于人民法院民事执行中查封、扣押、冻结财产的规定》第5条之规定:"人民法院对被执行人及其所扶养家属所必需的生活费用,不得查封、扣押、冻结……当地有最低生活保障标准的,必需的生活费用依照该标准确定";第31条之规定:"……人民法院查封、扣押、冻结案外人财产的……应当作出解除查封、扣押、冻结裁定……"

申请人系被执行人所扶养的家属,贵院冻结的被执行人的工资收入为申请人与被执行人的夫妻共同财产。银行工资卡金额为1266.7元/月,其中633.35元/月为申请人的财产,不在被执行的财产范围之内,另外633.35元/月,应该为被执行人保留必要的生活费。

恳请贵院认真考虑申请人与被执行人的实际生活困难,立即依法解除对被执行人赵和银行工资卡的冻结,以保障法律赋予申请人的合法生存的权利。

此致
乐新市人民法院

申请人:张翠华
二〇〇六年十二月十六日

③ 作为一方当事人的公民死亡,还未确定继承人的;作为一方当事人的法人或其他组织终止,还未确定权利义务继受人的。

④ 人民法院认为确有必要暂缓执行的。

待中止执行的事由消除后,人民法院应当发出恢复执行通知书,恢复执行程序。

恢复执行通知书范例如下。

××市××区人民法院
恢复执行通知书

(＿＿＿＿)＿＿＿执字第＿＿＿＿号

＿＿＿＿(写明当事人的姓名或名称):

本院于＿＿年＿月＿日以(＿＿＿)＿＿＿执＿＿＿字第＿＿＿号执行裁定书中止执行了＿＿＿＿＿＿(写明当事人姓名或名称、案由和案号)一案。现因＿＿＿＿(简述法院查证或当事人提出恢复执行的事实和理由)。依照《中华人民共和国民事诉讼法》第232条第2款和《最高人民法院关于人民法院执行工作若干问题的规定(试行)》第104条[如果是当事人未履行执行和解协议,要求恢复执行原生效法律文书的,应引用《最高人民法院关于适用〈中华人民共和国民事诉讼法〉若干问题的意见》第266条]的规定,本院决定恢复＿＿＿＿＿(写明当事人姓名或名称、案由和案号)一案的执行。

特此通知。

＿＿年＿月＿日
(院印)

5. 执行终结

执行终结是在执行的过程中,发生了一些特殊的情况,导致执行程序没有可能或没有必要继续进行,人民法院以书面裁定终结执行程序的一种制度。引起执行终结的特殊情况包括:

(1) 申请执行人撤销执行申请;

(2) 据以执行的生效法律文书被撤销;

(3) 被申请执行的公民死亡,无遗产可供执行,又无义务承担人的;

(4) 追索抚养费的申请执行人死亡;

(5) 被申请执行人(为公民的)无收入来源又丧失劳动能力,且生活困难无力履行义务;

(6) 人民法院认为应当终结执行。

终结执行裁定书范例如下。

××市××县人民法院
终结执行裁定书

(_____)___执字第_____号

申请执行人_____(写明姓名或名称及有效证件和号码等基本情况);

被申请执行_____(写明姓名或名称及有效证件和号码等基本情况);

本院在执行_____(写明当事人姓名或名称、案由和案号)一案中,(写明应当终结执行的事实根据和理由)。依照《中华人民共和国民事诉讼法》第233条(如果在执行中被执行人被人民法院裁定宣告破产的,同时引用《最高人民法院关于人民法院执行工作若干问题的规定(试行)》第105条)之规定,现裁定如下:

终结(生效法律文书的制作机关、字号、名称等内容,如法律文书主文有特定项目的,应写明第×项)的执行。

本裁定送达后即发生法律效力。

审判长_____
审判员_____
审判员_____
____年__月__日
(院印)
书记员_____

6. 执行回转

执行回转是执行完毕之后,原来据以执行的生效法律文书因确有错误而被依法撤销,对已经被执行的财产,人民法院采取措施使其恢复到执行程序开始之前的状态的一种法律制度。发生执行回转必须同时具备以下三个条件:第一,原来据以执行的生效法律文书被撤销;第二,原生效的法律文书已经由人民法院按照执行程序执行完毕;第三,原申请执行人不返还基于执行而取得的财产。执行回转是基于权利人(原被申请执行人)的申请而开始的,此时的执行根据是新的生效法律文书。

三、执行措施

执行措施是《民事诉讼法》规定的,人民法院在强制实现生效法律文书时采取的具体方法和手段。

在司法实践中,执行措施包括对财产的执行措施和对行为的执行措施。

(一) 对财产的执行措施

1. 查询、冻结、划拨被执行人的存款。

人民法院决定冻结、划拨存款,应当向银行、信用合作社或其他有储蓄业务的单位发出协助执行通知书。

协助查询存款通知书范例如下。

　　　　　　　　　　_____人民法院
　　　　　　　　　　协助查询存款通知书

　　　　　　　　　　　　　(_____)_____执字第_____号

_____银行:

　　兹因_____

_____

须向你行查询_____单位的银行存款,特派我院

_____同志前往你处,请予协助查询为盼。

　　附:可提供当事人银行线索。

存款单位名称:_____

账号:_____

其他:_____

　　　　　　　　　　　　　　　　　　　　_____人民法院

　　　　　　　　　　　　　　　　　　　　　　(院印)

　　　　　　　　　　　　　　　　　　　　____年____月____日

协助冻结存款通知书范例如下。

_____人民法院
协助冻结存款通知书

（_____）____执字第_____号

_____银行：

兹因_____

关于_____单位在你属_____行_____账户的存款____元，请暂停支付____月（从____年____月____日起至____年____月____日止）逾期或撤销冻结后，方可支付。

院长签字：_____

_____人民法院
（院印）
____年____月____日

协助扣划存款通知书范例如下。

_____人民法院
协助扣划存款通知书

（_____）____执字第_____号

_____银行：

根据_____

因_____单位在期限内未予执行，请将该单位在你属_____行_____账户的存款_____元，扣划至_____单位银行账户或国库。

收款单位名称：_____
开户行名称：_____
账号：_____

院长签字：_____

_____人民法院
（院印）
____年____月____日

2. 扣留、提存被执行人的收入。

3. 查封、扣押、冻结、拍卖、变卖被执行人的财产。

查封、扣押、冻结、拍卖、变卖被执行人的财产均是重大的执行措施,应当由人民法院作出裁定,并依法进行。

查封,是对不动产或体积过大难以移动的财产采取的加贴封条,就地封存,不允许被执行人转移或随意处理的一种限制性措施。对不动产以及准不动产的查封,除了加贴封条以外,还要向有关管理机关发出协助执行通知书,不允许办理转移过户手续。被执行人等擅自处分被查封的财产的,人民法院可责令限期追回或承担赔偿责任。

执行程序中的拍卖不同于一般意义上的拍卖,是对被执行财产的强制出卖,是由人民法院采取的一种执行措施。采取拍卖的方式进行执行,可以最大限度地实现财产价值,从而保障双方当事人的利益。

4. 搜查被执行人隐匿的财产。

5. 执行被执行人到期债权。

(二)对行为的执行措施

1. 强制被执行人交付法律文书指定的财物或票证等。

2. 强制被执行人办理财产权证照转移手续。

3. 强制被执行人迁出房屋或退出土地。

4. 强制被执行人完成法律文书指定的行为。

(三)保障执行的措施

在实际的执行过程中,不少被执行人会采取各种手段对执行通知故意拖延逾期不履行。为避免被执行人在接到执行通知后转移、隐匿财产或拖延履行,《民事诉讼法》规定了一些保障性的措施。

(1) 签发搜查令

搜查令由人民法院院长签发,是在被执行人不履行法律文书确定的义务,并隐匿财产时才能采用。

(2) 设立立即执行制度

被执行人不履行法律文书确定的义务,并有可能隐匿、转移财产的,执行员可以立即采取强制执行措施。

(3) 责令支付延期利息、迟延履行金

(4) 继续执行

在执行程序中,人民法院在采取了各项执行措施后,被执行人仍不能完全履行生效法律文书确定的义务,为保障债权人的合法权益,应当由被执行人继续履行义务,债权人发现被执行人还有其他财产或有新增加的财产,可随时请求人民法院继续执行。

(5) 设立被执行人财产报告制度

被执行人未按照执行通知履行法律文书确定的义务,应当报告当前以及收到执行通知之日起1年的财产情况,被执行人拒绝报告或者虚假报告的,人民法院可以根据情节轻重对被执行人或其法定代理人、有关单位的主要负责人或者直接责任人员予以罚款、拘留。

（四）协助执行通知书格式

协助执行通知书范例如下。

河北省××市人民法院
协助执行通知书

（2008）×法执字第 077 号

中国银行××支行：

　　关于王元与张山人身损害赔偿纠纷一案，我院作出的(2008)深民一初字第 223 号民事判决书已经发生法律效力。因被执行人张山不履行法律文书所确定的义务。根据最高人民法院《关于人民法院执行工作若干问题的规定》（试行）第 36 条之规定，请协助执行以下事项：

　　划拨张山在贵处的存款
　　付款单位：张山
　　开户行：中国银行深海支行
　　账号：4087701-0188-…………
　　收款单位：深海市人民法院
　　开户行：中国银行深海支行
　　账号：4087701-0188-…………
　　划拨金额：贰万陆仟肆佰捌拾元整

附：（2008）×法民一字第 325 号民事判决书 1 份。

二〇〇八年九月十日
（院印）

实训项目九　申请再审

再审是指人民法院对已审结的案件,因发现发生效力的判决、裁定和调解书有错误,而再次进行审理所适用的法定审判程序。再审程序是为了纠正错案而设置的补救审判程序。启动再审程序的原因有三个:一是因人民法院行使审判监督权而启动再审;二是由人民检察院行使审判监督权而启动再审,提起抗诉;三是因当事人申请而启动再审程序。本项目主要是第三种情况。

岗位技能

　　1. 申请再审的条件　　2. 撰写再审申请书　　3. 再审申请的提起和处理

岗位要求

　　1. 要求学生能够判断已生效的裁判是否确有错误并审查再审申请是否符合再审的条件。
　　2. 要求学生能够针对已生效裁判的错误归纳整理再审的事实与理由,梳理相关证据材料。
　　3. 要求学生学会办理申请再审的相关手续。

工作任务

一、研究、分析案件是否符合申请再审的条件

(一)审查裁判书或调解书是否已生效

申请再审的对象是已经发生法律效力的民事判决、裁定或调解协议。尚未发生法律效力的裁判书或调解书不得申请再审或无须申请再审。已生效的裁判是指地方各级人民法院一审裁判,已过上诉期限而未上诉的;各级人民法院作出的二审裁判;最高人民法院的一审裁判;以及当事人已签收的调解书等。

(二)分析申请人是否具备申请再审的主体资格

有权申请再审的只能是原审中的当事人、当事人的法定代理人以及原审当事人的权利义务继受人,即原审中的原告、被告、上诉人、被上诉人以及他们的法定代理人或权利义务继受人、有独立请求权的第三人和判决其承担义务的无独立请求权的第三人。申请人必须具备上述身份之一,才可以申请再审,否则无权提出再审申请。

(三)注意申请再审的法定期限

1. 2年:当事人申请再审,应当在判决、裁定发生法律效力后2年内提出。

2. 3个月：2年后据以作出原判决、裁定的法律文书被撤销或者变更，以及发现审判人员在审理该案件时有贪污受贿，徇私舞弊，枉法裁判行为的，自知道或者应当知道之日起3个月内提出。

（四）研究、分析案件是否具备申请再审的法定事由

根据《民事诉讼法》第179条及其相关司法解释的规定，对于已生效的判决或裁定，当事人能够申请再审的法定事由如下。

1. 有新的证据，足以推翻原判决、裁定的。

新的证据是指原审庭审结束前已客观存在庭审结束后新发现的证据；原审庭审结束前已经发现，但因客观原因无法取得或在规定的期限内不能提供的证据；原审庭审结束后原作出鉴定结论、勘验笔录者重新鉴定、勘验，推翻原结论的证据。此外，当事人在原审中提供的主要证据，原审未予质证、认证，但足以推翻原判决、裁定的，应当视为新的证据。

2. 原判决、裁定认定的基本事实缺乏证据证明的。

基本事实是指对原判决、裁定的结果有实质影响、用以确定当事人主体资格、案件性质、具体权利义务和民事责任等主要内容所依据的事实。

3. 原判决、裁定认定事实的主要证据是伪造的。

4. 原判决、裁定认定事实的主要证据未经质证的。

5. 对审理案件需要的证据，当事人因客观原因不能自行收集，书面申请人民法院调查收集，人民法院未调查收集的。

此处"对审理案件需要的证据"是指人民法院认定案件基本事实所必需的证据。

6. 原判决、裁定适用法律确有错误的。

适用法律确有错误是指适用的法律与案件性质明显不符；确定民事责任明显违背当事人约定或者法律规定的；适用已经失效或尚未施行的法律的；违反法律溯及力规定的；违反法律适用规则的；明显违背立法本意的。

7. 违反法律规定，管辖错误的。如违反专属管辖、专门管辖规定以及其他严重违反行使管辖权的。

8. 审判组织的组成不合法或者依法应当回避的审判人员没有回避的。

9. 无诉讼行为能力人未经法定代理人代为诉讼或者应当参加诉讼的当事人，因不能归责于本人或者其诉讼代理人的事由，未参加诉讼的。

10. 违反法律规定，剥夺当事人辩论权利的。

原审开庭过程中审判人员不允许当事人行使辩论权利，或者以不送达起诉状副本或上诉状副本等其他方式，致使当事人无法行使辩论权利的，人民法院应当认定为"剥夺当事人辩论权利"。但依法缺席审理，依法径行判决、裁定的除外。

11. 未经传票传唤，缺席判决的。

12. 原判决、裁定遗漏或者超出诉讼请求的。

13. 据以作出原判决、裁定的法律文书被撤销或者变更的。

对违反法定程序可能影响案件正确判决、裁定的情形，或者审判人员在审理该案件时有贪污受贿、徇私舞弊、枉法裁判行为的，人民法院应当再审。

审判人员在审理该案件时有贪污受贿、徇私舞弊、枉法裁判行为是指该行为已经相关刑事法律文书或者纪律处分决定确认的情形。

当事人对已生效的调解书申请再审的,必须证明调解违反自愿原则或者调解协议的内容违反法律。

当事人对已经发生法律效力的解除婚姻关系的判决,不得申请再审。

二、撰写再审申请书

首先应分析原生效裁判属于《民事诉讼法》第179条规定中的哪一种法定事由,然后确定再审的诉讼请求事项,进而有针对性地收集整理组织材料、相关事实和理由以支持再审诉讼请求(申请再审请求不得超出原审诉讼请求)。

再审申请书应当写明下列事项:

1. 申请人、被申请人基本情况;
2. 作出生效法律文书的法院名称、申请再审的生效法律文书名称及案号;
3. 申请再审所依据的事由;
4. 撤销或者变更生效法律文书的具体诉讼请求;
5. 申请再审事由以及再审诉讼请求所依据的事实、理由及证据;
6. 受理再审申请书的法院名称;
7. 再审申请人签名或者盖章;
8. 申请日期等。

再审申请书范例如下。

民事再审申请书

申请人:王贵,男,1971年4月25日生,汉族,住××市大河区网通宿舍A区3号楼1实训项目502室,电话:139×××××××。

委托代理人:马建平,男,1972年5月7日生,××××律师事务所律师,电话:139×××××××。

被申请人:中国建设银行股份有限公司××市红旗街支行(简称红旗支行)。

法定代表人:何大海,该行行长。

被申请人:马国良,男,1974年1月21日生,汉族,住××市大华新村1号楼2实训项目401室。

被申请人:王亚丽,女,1976年5月24日生,汉族,住××市大华新村1号楼2实训项目401室。

申请人因合同及房产纠纷一案不服××市中级人民法院(2008)×民终字第1575号判决和××市新华区人民法院(2007)新民初字第835号判决,现依法申请再审。

请求事项

1. 撤销××市中级人民法院(2008)×民终字第1575号判决和××市新华区人民法院(2007)新民初字第835号判决；

2. 依法确认红旗支行与马国良、王亚丽之间的购房契约无效，本案争议房屋归王贵所有，并责令马国良、王亚丽向王贵返还房屋；

3. 一切诉讼费用由被申请人承担。

事实与理由

一、原审判决认定的基本事实缺乏证据证明且适用法律错误。

根据《中华人民共和国民法通则》58条第1款第(4)项、第(7)项和《中华人民共和国合同法》52条第(2)项、第(3)项的规定，恶意串通，损害国家、集体或者第三人利益的民事行为或合同无效；以合法形式掩盖非法目的的民事行为或合同无效。

在本案中，从被申请人红旗支行和被申请人马国良、王亚丽在原审中的答辩可知，被申请人三方对申请人王贵与红旗支行签约购房之事都是明知，且王贵已经交付了全部购房款，但被申请人却针对同一标的物又签订了另外三份购房契约并据此将房屋过户在马国良、王亚丽名下，这显然是一种恶意串通损害第三人利益的行为。

红旗支行是国有金融机构，其财产为国有财产，被申请人各方恶意串通仅以不足70万元的价格将价值170余万元的国有资产出售并过户，这明显损害了国家利益。同时，这种低价贱卖国有资产的违法行为还成就了非法逃税的目的，使国家利益受到双重损害。

明知他人有约在先且已交付价款，明知国有资产价值巨大，被申请人各方却恶意串通，以明显的低价另签了三份房屋转让协议并办理了房屋过户手续。这种严重损害国家利益和第三人利益，且偷逃大额税款的合同行为，依法足以认定无效。但原审判决书却认定马国良、王亚丽与红旗支行所签订的购房契约合法有效，这种认定缺乏证据证明且适用法律明显有错误。

《中华人民共和国民法通则》58条第2款规定：无效的民事行为从开始起就没有拘束力。

最高人民法院民事判决书(2005)民一终字第104号中指出：合同效力的认定，实质是国家公权力对民事行为进行的干预。合同无效系自始无效，单纯的时间经过不能改变无效合同的违法性。当事人请求确认合同无效，不应受诉讼时效期间的限制。(见最高人民法院公报2006年第9期第6页：广西北生集团有限责任公司与北海市威豪房地产开发公司、广西壮族自治区畜产进出口北海公司土地使用权转让合同纠纷案——最高人民法院民事判决书(2005)民一终字第104号)。

另外，原审判决对于当事人关于购房经过的陈述，在没有证据证明的情况下只是通过一系列主观推测，最终得出被申请人马国良的主张比申请人王贵的主张"相比更可信"的结论。这种无凭无据的推论既不合理,也不合法。违背了以事实为根据、以法律为准绳的原则。

　　二、原审判决对申请人王贵提交的证据"马国良给王贵打的还款现金收条"没有予以认证,该证据结合其他证据足以认定被申请人各方另签的购房契约无效,足以证明申请人马国良、王亚丽关于购房经过的陈述为假。

　　王贵提交该证据用以证明王贵偿还了自己购房时所借的款项,而马国良辩称这是收取房租而不是还款。该"还款现金条"上明明写着"还款"字样,且为马国良亲笔书写。马国良辩称这是收取房租,却没有提出任何证据加以证明。因此该证据应认定为王贵偿还购房借款的证据。既然王贵需要还款,就证明王贵是借款为自己购房,而不是像马国良、王亚丽所说的那样是受他们二人之委托而为他们购房,更不是什么"隐名代理"。试想,如果王贵是为马国良、王亚丽购房,则购房款就不是"借款",那他为何还要"还款"呢?以上证据和事实足以证明马国良、王亚丽在一、二审中关于他们委托王贵购房并委托签约的陈述为假,从而证明马国良、王亚丽与红旗支行另签购房合同是双方恶意串通所签。这种恶意串通订立的购房合同既损害了王贵的利益也损害了国家利益,依法应认定为无效合同。

　　基于上述事实和理由,申请人不服原一、二审判决,根据《中华人民共和国民事诉讼法》第178条、第179条的规定以及最高人民法院关于适用《中华人民共和国民事诉讼法》审判监督程序若干问题的解释向贵院申请再审,敬请依法裁判。

　　此致
××省高级人民法院

申请人:王贵
2009年3月15日

附:1. ××市中级人民法院(2008)×民终字第1575号判决书复印件1份;
　　2. ××市新华区人民法院(2007)新民初字第835号判决书复印件1份;
　　3. 证据材料5份;
　　4. 申请人身份证复印件和户口页复印件各1份;
　　5. 授权委托书1份。

三、再审申请的提起和处理

(一)申请和受理

　　再审申请人应向作出原生效裁判法院的上一级人民法院申请再审。上级人民法院经审查认为符合申请再审条件的,应当在5日内受理并向再审申请人发送受理通知书,同时向被申请人及原审其他当事人发送受理通知书、再审申请书副本及送达地址确认书。

根据《人民法院诉讼收费办法补充规定》的规定,因当事人提供足以推翻原判决、裁定的新的证据而决定再审的案件;当事人对人民法院第一审判决或裁定未提出上诉,一审判决、裁定或调解书已发生法律效力后,当事人提出再审申请,人民法院经审查决定再审的案件应当缴纳诉讼费。

(二)对再审申请的处理

1. 上一级人民法院经审查认为再审申请超过规定期间的或申请理由不成立的,裁定驳回申请,该裁定一经送达,即发生法律效力。

2. 上一级人民法院经审查认为申请再审事由成立的,一般由本院提审。最高人民法院、高级人民法院也可以指定与原审人民法院同级的其他人民法院再审,或者指令原审人民法院再审。

3. 原审人民法院对该案无管辖权的;审判人员在审理该案件时有贪污受贿、徇私舞弊、枉法裁判行为的或者原判决、裁定系经原审人民法院审判委员会讨论作出的,不得指令原审人民法院再审。

(三)再审裁判的效力

人民法院按照审判监督程序再审的案件,发生法律效力的判决、裁定是由第一审人民法院作出的,按照第一审程序审理,所作的判决、裁定,当事人可以上诉;发生法律效力的判决、裁定是由第二审人民法院作出的,按照第二审程序审理,所作的判决、裁定,是发生法律效力的判决、裁定;上级人民法院按照审判监督程序提审的,按照第二审程序审理,所作的判决、裁定是发生法律效力的判决、裁定。

实训项目十 案卷归档

律师接受当事人委托,提供法律服务后,要将全部法律文书立卷归档;人民法院受理案件后,依法定程序进行审理,与之相关的全部法律文书要立卷归档。民事诉讼档案包括律师民事诉讼档案和人民法院民事诉讼档案两种。

岗位技能

1. 律师民事诉讼材料订卷归档   2. 法院民事诉讼材料订卷归档

岗位要求

1. 要求学生能够正确整理律师民事案卷材料,按照相关规定订卷归档。
2. 要求学生能够正确整理法院民事案卷材料,按照相关规定订卷归档。

工作任务

一、律师民事诉讼档案

(一)律师民事诉讼档案基本要求

根据《律师业务档案立卷归档办法》的规定,律师应在法律事务办理完毕后,及时全面整理、检查办理该项法律事务的全部文书材料,要补齐遗漏的材料,去掉不必立卷归档的材料。律师立卷归档过程中,内容相同的文字材料一般只存1份,但有领导批示的材料除外。

律师业务档案按年度和一案一卷、一卷一号原则立卷。两个以上律师共同承办同一案件或同一法律事务一般应合并立卷,但不同律师事务所律师合办的法律事务除外。律师承办跨年度的业务,应在办结年立卷。律师担任常年法律顾问,应做到一单位一卷。

(二)律师民事诉讼档案内容

一本完整的案卷能够体现出办案人员在整个案件中所做的工作,能清晰地反映其对案件的判断和分析,能完整地再现案件的主要事实,是研究案件、评价案件的第一手材料。从事法律服务行业的人应该重视案卷的立卷、整理与保存。

一本完整的民事诉讼档案应包括封皮、卷宗目录和案卷材料等。

1. 封皮

封皮包括封面和封底,通常用牛皮纸印制,比较结实,便于案卷的保存。封面通常需要填写以下内容:类别、年度和所内卷号、承办单位、承办律师、委托人、对方当事人、对方的诉讼代理人、案由、收案日期、结案日期、审理法院、审级、法院收案号、审理结果、归档日期、档案号数、保存年限、卷内共计页数等。

2. 卷宗目录

卷宗目录通常为卷内第一页，列明卷内所有材料的顺序号、名称、页数及备考等。

3. 案卷材料

案卷材料通常包括以下几项。

（1）律师事务所的法律文书或手续材料，如委托人须知、律师事务所受理案件批办单、委托代理协议、授权委托书、法律服务监督卡等。

（2）诉讼材料，如起诉状（或上诉状）、答辩状、阅卷笔录、会见当事人谈话笔录、证据材料、财产保全申请书、证据保全申请书、先行给付申请书和法院裁定书、庭审笔录、代理词、办案小结等。

（3）法院送达的法律文书，如立案通知书、应诉通知书、举证通知书、法庭组成人员告知书、传票、判决书（或裁定书、调解书）等。

（三）律师民事诉讼案卷材料的收集、整理和排列顺序

律师接受委托并开始承办法律事务时，即应同时注意收集保存有关材料，着手立卷的准备工作。律师应在法律事务办理完毕后，即全面整理、检查办理该项法律事务的全部文书材料，要补齐遗漏的材料，去掉不必立卷归档的材料。律师立卷归档过程中，内容相同的文字材料一般只存1份，但有领导批示的材料除外。

1. 案卷整理顺序

律师业务档案应按照案卷封面、卷宗目录、案卷材料、备考表、卷底的顺序排列。案卷内档案材料应按照诉讼程序的客观进程或时间顺序排列。

案卷材料的参考顺序如下：

（1）委托人须知、律师事务所受理案件批办单；

（2）委托代理协议、授权委托书；

（3）起诉状（或上诉状）、答辩状；

（4）立案通知书或应诉通知书、举证通知书、法庭组成人员告知书、传票；

（5）各类保全申请书或先予执行申请书及法院裁定书；

（6）阅卷笔录、会见当事人谈话笔录、证据材料；

（7）庭审笔录、代理词；

（8）判决书（或裁定书、调解书）；

（9）法律服务监督卡、办案小结、卷内备考表。

2. 不必立卷归档的材料

办理案件过程中会产生很多有关资料，但并非所有的有关材料都要归档，以下材料一般不必立卷归档：

（1）委托律师办理法律事务前有关询问如何办理委托手续的信件、电文、电话记录、谈话记录以及复函等；

（2）没有参考价值的信封；

（3）其他律师事务所（法律顾问处）委托代查的有关证明材料的草稿；

(4) 未经签发的文电草稿,历次修改草稿(定稿除外)。

对已提交给人民法院、仲裁机构或有关部门的证据材料,承办律师应将其副本或复印件入卷归档。对不能附卷归档的实物证据,承办律师可将其照片及证物的名称、数量、规格、特征、保管处所、质量检查证明等记载或留存附卷后,分别保管。

3. 案卷整理中需要注意的问题

(1) 文件的内容提炼

一般以文件标题为目录内容,便于查找。对于标题内容过于简单不容易识别的,可适当提取重点提示性内容。

(2) 标记页码

正规标记法应使用打码器依次标记,没有条件的手写也无所谓,律师事务所内档案以实用为要。应注意的是,律师事务所内的卷宗文件以复印件为多,但也有部分正本文件,复印件多为单页面,正本文件尤其是判决书类型文件多为双页面,因此标记页码时注意双面页码勿遗漏。

(3) 其他注意事项

重复的文件去掉,如有原件正本,则留存正本。实践中涉及的文件材料的页面大小都以 A4 纸为主,因此卷宗一般文件均为 A4 纸,但也有少部分不规则大小文件,如律师手稿、快递单、单据等,对于此类文件应将其粘贴在 A4 白纸上,在白纸相应位置打印页码后装订;文件原装订用的书订等都去掉,方便案卷整体装订,避免损坏装订机器并保证卷宗的美观性。

(四) 立卷编目和装订

1. 律师业务档案一律使用阿拉伯数字逐页编号,两面有字的要两面编页号。页号位置正面在右上角,背面在左上角(无字页不编号)。

2. 立卷人用钢笔或毛笔逐页填写案卷封面;填写卷内目录,内容要整齐,字迹要工整。

3. 有关卷内文书材料的说明材料,应逐件填写在备考表内。

4. 承办案件日期以委托书签订日期或人民法院指定日期为准;结案日期以收到判决书(裁定书、调解书)之日为准;法律顾问业务的收结日期,以聘请法律顾问合同的签订与终止日期为准。

5. 律师业务文书材料装订前要进一步整理。对破损的材料要修补或复制,复制件放在原件后面。对字迹难以辨认的材料应当附上抄件。主要外文材料要翻译成中文附后。卷面为 16 开,窄于或小于卷面的材料,要用纸张加衬底;大于卷面的材料,要按卷面大小折叠整齐。需附卷的信封要打开平放,邮票不要揭掉。文书材料上的金属物要全部剔除干净。

6. 案卷装订一律使用棉线绳,三孔钉牢。在线绳活结处需贴上律师事务所(法律顾问处)封签,并在骑缝线上加盖立卷人的姓名章。

(五) 律师业务文书材料归档

1. 律师业务文书材料应在结案或事务办结后 3 个月内整理立卷。装订成册后由承办人根据司法部、国家档案局制定的《律师业务档案管理办法》的有关规定提出保管期限,经律师事务所(法律顾问处)主任审阅盖章后,移交档案管理人员,并办理移交手续。

2. 档案管理人员接收档案时应进行严格审查,凡不符合立卷规定要求的,一律退回立卷人重新整理,全部合格后,办理移交手续。

3. 涉外国家机密和个人隐私的律师业务案卷均应列为密卷,确定密级,在归档时应在档案封面右上角加盖密卷章。

4. 随卷归档的录音带、录像带等声像档案,应在每盘磁带上注明当事人的姓名、内容、档案编号、录制人、录制时间等,逐盘登记造册归档。

(六)部分制式案卷材料参考格式

律师案卷中涉及的制式文书通常包括案卷封面、案卷目录、律师事务所受理案件批办单、委托代理协议、授权委托书、起诉状、答辩状、代理词、证据目录、法院受理案件通知书(或应诉通知书)、举证通知书、传票、法庭组成人员告知书、诉讼风险告知书、裁判文书、服务监督卡、卷内备考表等。

上述制式文书多数在前面各实训项目中都已学习过,本实训项目不再重复。此外,仍有部分表格、文书前文尚未涉及,参阅如下。

1. 律师卷宗封面

律师业务档案卷宗(诉讼类)

类别		年度 字第 号	
承办律师事务所			
承办律师		委托人	
对方当事人		对方委托代理人	
案由			
收案日期	年 月 日	结案日期	年 月 日
审理法院		审级	
法院收案号		法院 字第 号	
审(办)理结束			
归档日期		立卷人	
保存年限		卷内页数	
档案号数		备注	

2. 律师卷宗目录

卷 宗 目 录

编号	名称	页数

续表

编号	名称	页数
备注		

3. 受理案件批办单

律师事务所受理诉讼案件批办单

原告或上诉人		被告或被上诉人		
委托人		地址		
		电话		
		联系人		
承办律师		案号	收费额	审级

案情简介：

承办律师 意见	签名：_____ 年___月___日
批准人 意见	签名：_____ 年___月___日

4. 服务监督卡

律师法律服务监督卡

编号：

内容	有(是)	无(否)	内容	有(是)	无(否)
同时在两个以上律师事务所执业			提供明知其为虚假的证据，隐瞒重要事实		
同时为对方或第三人代理法律事务			诱使委托人制造或提供假证、伪证		
与他人恶意串通，侵害委托人合法利益			携带他人会见在押犯罪嫌疑人		
按时出庭参加诉讼、仲裁			明示自己与办案人员有特殊关系		
泄露委托人秘密、个人隐私泄露国家机密			告知委托事项可能出现的风险		
私自收取费用，开具非正式发票			及时告知委托事项办理情况		
扰乱法庭、仲裁庭秩序，干扰诉讼活动			挪用、侵占与委托事项有关的财物		
为阻挠解除委托关系威胁、恐吓委托人			明示或暗示委托人上访或围堵执法部门		
明示或暗示委托人向办案人员行贿			要求为自己安排娱乐或高消费活动		
其他意见			委托人签字：_____年____月____日		
案由		律师事务所意见	主任：		
受委托律师			_____年____月____日		

省司法厅监督电话：

5. 卷内备考表

卷内备考表

1. 本卷文件共_____件(大写)_____页(大写)			
2. 与本卷有密切关系的材料或实物。			
名称			
存放地点			
备注			

实务编

续表

3. 立卷说明：
立卷人：＿＿＿年＿＿＿月＿＿＿日 审查人：＿＿＿年＿＿＿月＿＿＿日
4. 归档后补充说明：
填写人：＿＿＿年＿＿＿月＿＿＿日 审核人：＿＿＿年＿＿＿月＿＿＿日

二、人法院民事诉讼档案

民事诉讼案卷是代表国家行使审判权的人民法院，在审理民事案件活动中依照法定程序，进行审判的真实历史记录。收集、整理、保管、提供利用这些历史原始记录的审判结果就是民事诉讼档案。

（一）人民法院民事诉讼档案基本要求

人民法院民事诉讼档案的制作，最高人民法院规定了一些很细节的要求，如关于诉讼文书材料的立卷编目，《人民法院诉讼文书立卷归档办法》第23条规定，诉讼文书材料经过系统排列后，要逐页编号。页号一律用阿拉伯数字编写在有文字正面的右上角，背面的左上角。卷宗封面、卷内目录、备考表、证物袋、卷底不编号。关于卷宗的装订，《人民法院诉讼文书立卷归档办法》第26条规定，卷宗装订前，要对诉讼文书材料进行全面检查，材料不完整的要补齐，破损或褪色的要修补、复制；订口过窄或有字迹的要粘贴衬纸；纸张过大的材料要修剪折叠；加边、加衬、折叠均以16开办公纸为准；对于字迹难以辨认的材料，应附上抄件；外文及少数民族文字材料应附上汉语译文；需要附卷保存的信封，要打开展平加贴衬纸，邮票不得取掉；文书材料上的金属物必须剔除干净。这些规定明显将制作者制约在一个技术化的、程式化的框架之中。

（二）人民法院民事诉讼档案内容

我国法院的民事案卷种类是以民事程序为顺序排列的，它要求详细地记载人民法院在整个程序中有法律价值的事项。这些事项都是与案件结果有密切联系的材料。

可以说,案卷就是人民法院在审理某件案件时的大事记或者历史。这种历史事实的取舍是以与案件的关联度为标准的,凡是对案件的处理结果有影响的一切事项,都必须记载在法院的案卷中。而这些事项基本上都是《民事诉讼法》规定了的,如案件的受理、法院的调查笔录等。其中,有关案件实体结果的案卷构成了所有案卷的中心,因为当事人和法院活动的主要目的就是为了获得案件的处理结果。这样,法官、当事人及其辩护人在诉讼中的活动都被记载入了法院的案卷之中,案卷就是诉讼主体的活动记录。

案卷归档主要参照《人民法院诉讼文书立卷归档办法》进行收集、整理、排列、立卷编目、装订、归档。

(三) 人民法院民事诉讼材料的排列顺序

诉讼文书材料的排列顺序,总的要求是按照诉讼程序的客观进程形成文书时间的自然顺序,兼顾文件之间的有机联系进行排列。

1. 民事一审案件正卷诉讼文书材料的排列顺序

(1) 卷宗封面。
(2) 卷内目录。
(3) 起诉书或口诉笔录。
(4) 立案(受理)通知书。
(5) 缴纳诉讼费或免费手续。
(6) 应诉通知书回执。
(7) 答辩状及附件。
(8) 原被告诉讼代理人、法定代表人委托授权书、鉴定委托书及法定代表人身份证明。
(9) 原被告举证材料。
(10) 询问、调查取证材料。
(11) 调解笔录及调解材料。
(12) 开庭通知、传票及开庭公告底稿。
(13) 开庭审判笔录。
(14) 判决书、调解书、裁定书正本。
(15) 宣判笔录。
(16) 判决书、调解书、裁定书、送达回证。
(17) 上诉案件移送函存根。
(18) 上级法院退卷函。
(19) 上级法院判决书、调解书、裁定书正本。
(20) 证物处理手续。
(21) 执行手续材料。
(22) 备考表。
(23) 证物袋。
(25) 卷底。

2. 民事二审正卷诉讼文书材料的排列顺序

(1) 卷宗封面。
(2) 卷内目录。
(3) 上诉案件移送书。
(4) 原审人民法院判决书、调解书、裁定书。
(5) 缴纳诉讼费或免费手续。
(6) 上诉书正本。
(7) 答辩状。
(8) 询问、调查笔录或调查取证材料。
(9) 调解笔录及调解材料。
(10) 撤诉书。
(11) 开庭通知、传票。
(12) 辩护委托书及辩护词。
(13) 开庭审判笔录。
(14) 判决书、调解书、裁定书正本。
(15) 司法建议书。
(16) 宣判笔录、委托宣判函。
(17) 送达回证。
(18) 退卷函存根。
(19) 备考表。
(20) 证物袋。
(21) 卷底。

3. 副卷材料的排列顺序

(1) 阅卷笔录、审核报告、与有关部门交换意见的材料或笔录。
(2) 内部请示及批复、合议庭研究、汇报案情记录、审委会讨论笔录。
(3) 案情报告原、正本,判决书、裁定书原本。
(4) 审判监督表或发回重审意见书。
(5) 其他不宜对外公开的材料。

以上未尽项目,各级人民法院可以根据实际情况,按照形成文书材料的时间顺序排列。

4. 诉讼文书材料的立卷编目

(1) 诉讼文书材料经过系统排列后,要逐页编号。页号一律用阿拉伯数字编写在有文字正面的右上角,背面的左上角。卷宗封面、卷内目录、备考表、证物袋、卷底不编号。

(2) 卷内目录应按诉讼文书材料排列顺序逐一填写。一份诉讼文书材料编一个顺序号。

(3) 卷宗封面、卷内目录要用毛笔或钢笔按规定项目逐项填写齐全。字迹要工整、规范、清晰。结案日期填写宣判日期。

5. 卷宗装订

(1) 卷宗装订前,要对诉讼文书材料进行全面检查,材料不完整的要补齐,破损或褪色的要修补、复制。订口过窄或有字迹的要粘贴衬纸。纸张过大的材料要修剪折边。加边、加衬、折边均以 16 开办公纸为准。对于字迹难以辨认的材料,应附上抄件。外文及少数民族文字材料应附上汉语译文。需要附卷保存的信封,要打开展平加贴衬纸,邮票不得取掉。文书材料上的金属物必须剔除干净。

(2) 每卷的厚度以不超过 15 毫米为宜。材料过多的,应按顺序分册装订。

(3) 卷宗必须用线三孔一线装订。长度以 160 毫米左右为宜。并在卷底装订线结扣处粘贴封志,由立卷人及档案管理部门加盖骑缝章。

6. 诉讼卷宗归档

(1) 案件结案后 3 个月内由审判庭内勤或承办案件的书记员编写归档清册向档案管理部门移交归档。接收人要逐卷检查验收。卷宗质量不符合本办法要求的,应退回立卷单位重新整理。

(2) 随卷归档的录音带、录像带、照片等声像档案材料,应按《人民法院声像档案管理办法》的规定办理。

(3) 凡能附卷保存的证物均应装订入卷。无法装订的可装入证物袋,并标明证物名称、数量、特征、来源。不便附卷的证物应拍照片附卷。

(4) 已经归档的卷宗不得从卷内抽取材料,确需增添诉讼文书材料的,应征得档案管理人员同意后,按立卷要求办理。

操 作 编

实训案例一　郝萌诉盛勇离婚纠纷

一、案情介绍

郝萌,女,汉族,1971年出生,高中毕业后为某医药公司会计。盛勇,男,汉族,1969年出生,1987年高中毕业后参加工作,因工作业绩突出,逐步从普通工人提升为某针织厂的厂长。郝萌与盛勇经朋友介绍相识,并于1996年10月1日结婚,婚后第二年生一女,现有住房两套,一套是郝萌父母在郝萌与盛勇结婚时赠与郝萌的坐落在本市长丰区人民路168号57平方米的住房,现正在出租。另一套是郝萌与盛勇结婚后购买的坐落在本市长丰区开源路139号156平方米的住房,现正在居住使用。

郝萌与盛勇婚后感情较好,但自从盛勇2000年提升为针织厂副厂长后,晚上经常酒后回家,郝萌开门稍迟,盛勇便拳脚相加,酒醒后表示后悔并向郝萌道歉,郝萌心软给予谅解。在之后的六年中盛勇不但没有改掉酒后暴力行为,反而愈演愈烈。而且与本厂未婚女职工王某产生婚外情,并为其购买96平方米住房一套。郝萌曾找亲友说和,在多方劝说无效的情况下,2006年10月郝萌提出与盛勇协议离婚,但盛勇不同意,郝萌无奈欲向法院提起离婚诉讼。

二、实训任务

郝萌欲起诉盛勇,委托律师代理诉讼。
1. 请列出会见当事人郝萌的具体工作任务和工作内容。
2. 根据具体案情办理相关委托手续。

三、操作指导

律师事务所根据本案当事人郝萌的委托,指派律师参与郝萌诉盛勇离婚案的诉讼活动。郝萌在委托律师时如指明请求某律师为其代理时,律师事务所应尽可能满足郝萌的要求,但必须经律师事务所办理委托手续。

(一) 会见当事人郝萌

1. 审查本案是否符合接受委托的范围和情形

郝萌诉盛勇离婚案,郝萌作为原告,拟向人民法院起诉,郝萌欲委托律师代理诉讼是否属于接受委托的范围和情形。

2. 审查本案有无利益冲突情况

会见当事人郝萌后,审查本案有无利益冲突情况,如果有应当如何处理。确需本所律师代理时,要向律师事务所签发书面豁免函,也可写在笔录里。

3. 向郝萌了解案情及基本情况

(1) 了解郝萌及盛勇的基本情况

向郝萌了解其本人的基本情况,具体内容包括姓名、性别、年龄、职业、现住址、电话号码等,也可以留存郝萌的身份证复印件。

向郝萌询问盛勇的基本情况,包括其姓名、性别、年龄、职业、现住址、电话号码等。

(2) 了解当前案件情况

先由郝萌简要陈述案情,尽量不要打断,但如果陈述偏离了主题,律师加以引导,了解案情的来龙去脉,还要了解盛勇对郝萌的态度、平时的为人、对当前案件的态度、争议的焦点等。当事人简要陈述完毕后,律师可以问及当事人对离婚的看法,包括子女抚养和财产分割的初步想法和方案,询问郝萌的诉讼目的。

(3) 了解涉案财产情况

夫妻双方结婚前一方所拥有的财产及结婚后双方所共同拥有的财产情况。

① 夫妻共有房产有几处,房产登记的时间及权利人姓名,权利证书目前由谁控制,是否婚前一方所拥有的财产等。

② 夫妻存款情况:有几个账户,户主姓名,开户行,存款金额,存款凭证(折或卡等)由谁控制,对方有无转移或隐匿存款的可能等。

③ 家庭有无车辆等贵重动产,当前的登记情况及实际控制情况。

④ 其他动产情况。

⑤ 有无债权、债务、股票、股份、知识产权、基金、住房公积金、养老保险金等。

⑥ 其他财产状况。

(4) 了解现有证据以及可得证据情况

婚姻纠纷案件的证据应包括婚姻关系存续的证明、婚姻关系当事人的状况、婚后感情的事实依据、一方有过错的相关证据、子女方面的证据、财产方面的证据、其他证据。

① 郝萌提交的证据如下:郝萌与盛勇的结婚证,女儿的户口证明,两处住房的房产证,郝萌被盛勇打伤后医院的诊断证明等。将郝萌提交的证据整理并编制证据清单。

② 需进一步收集调查的证据。如证明盛勇有过错的证据,收集盛勇与王某同居期间的居委会、派出所出具的简单证明或邻居的证人证言,以证明存在同居关系;夫妻双方工资及收入情况;盛勇为本厂女职工王某购买房屋的相关证据等。如调查不到或不方便调查的证据,可申请法院调查取证。

4. 分析案情,告知诉讼风险

运用民事法律规定初步分析案情,告知郝萌在本案中应有的权利并提示相关诉讼风险。

郝萌欲委托律师向人民法院起诉与盛勇离婚,是夫妻双方对是否离婚、财产分割、子女抚养等问题无法达成一致意见,请求法院判决离婚。人民法院审理离婚案件时就要先行调解,如果经查明男女双方感情确已破裂,调解无效,就应判决准予离婚,并对夫妻共同财产、子女抚养等问题作出判决。

(1) 关于离婚问题

按照法律规定,人民法院审理离婚案件,应当进行调解,如感情确已破裂,调解无效,应准予离婚。感情破裂的情形有:

① 重婚或有配偶者与他人同居的;

② 实施家庭暴力或虐待、遗弃家庭成员的;

③ 有赌博、吸毒等恶习屡教不改的;

④ 因感情不和分居满2年的;

⑤ 其他导致夫妻感情破裂的情形。如一方被宣告失踪,另一方提出离婚的,应准予离婚等。

结合本案分析,郝萌与盛勇是否感情破裂,人民法院能否判决离婚,郝萌能否要求精神损害赔偿。

(2) 关于离婚财产分割问题

夫妻关系存续期间取得的财产为夫妻共有财产,离婚时依法将夫妻共同财产划分为各自的个人财产。离婚时,双方有合法婚姻财产约定的,依约定,一方特有的财产归本人所有。夫妻共有财产一般应当均等分割,必要时亦可不均等,有争议的,人民法院应依法判决。

夫妻在婚姻关系存续期间所得的下列财产,归夫妻共同所有:① 工资、奖金;② 生产、经营的收益;③ 知识产权的收益;④ 继承或赠与所得的财产,但法律另有规定的除外;⑤ 其他应当归共同所有的财产。

有下列情形之一的,为夫妻一方的财产:① 一方的婚前财产;② 一方因身体受到伤害获得的医疗费、残疾人生活补助费等费用;③ 遗嘱或赠与合同中确定只归夫或妻一方的财产;④ 一方专用的生活用品;⑤ 其他应当归一方的财产。

应当归夫妻共同所有的财产:① 一方以个人财产投资取得的收益;② 男女双方实际取得或者应当取得的住房补贴、住房公积金;③ 男女双方实际取得或者应当取得的养老保险金、破产安置补偿费。

结合本案分析哪些财产是郝萌与盛勇在婚姻关系存续期间所得的财产,哪些财产是夫妻一方的财产,哪些财产是应当归夫妻共同所有的财产,应如何分割。

(3) 子女抚养问题

子女抚养问题是大多数离婚案件所涉及的问题,关于离婚后子女抚养问题,总的原则是从有利于子女身心健康,保障子女的合法权益出发,结合父母双方的抚养能力和抚养条件等具体情况妥善解决,司法实践中的做法如下。

人民法院将孩子判归男方的情形:

① 女方有恶性传染疾病,或有其他重大疾病,影响孩子成长的;

② 女方长期在外不回家,不尽抚养义务的;

③ 男方已做绝育手术,或丧失生育能力的;

④ 男方年纪偏大,再次生育的几率较小,而女方却处于较好的生育期的;

⑤ 女方有不良嗜好或其他品质问题,可能会影响孩子的;

⑥ 女方收入较低,且工作不稳定,没有固定住所的。

人民法院将孩子判归女方的情形如下。

① 2周岁以内的子女一般随母亲生活。这主要考虑孩子尚处在幼儿期,需要母亲的哺乳,母亲更能给孩子体贴和照顾。

② 孩子虽然2周岁以上了,女方已做绝育手术,男方未做,且男方年龄与女方年龄差距不是很大,孩子判归女方的可能性较大。

③ 孩子一直随母亲生活,如果离婚后改为随父亲生活对其生活习惯改变较大且影响其成长的,孩子判归女方可能性较大。

④ 男女双方的抚养条件,如工作稳定程度、收入情况差距不大的前提下,如果男方对于夫妻感情破裂有过错,如有证据证明有婚外情等,孩子判归女方的可能性较大。

⑤ 男方有不良嗜好,如赌博、酗酒等恶习等。考虑其恶习对孩子成长有不利影响,法院一般会将孩子判归女方。

⑥ 如果男女双方均无明显过错,各方面条件都相当,如果女方的思想品质好一些,更有时间照顾孩子,得到孩子抚养权的可能性就会更大。

⑦ 10周岁以上的孩子愿意随母亲生活的。

根据司法实践,结合本案进行分析,郝萌与盛勇离婚,由谁抚养女儿更有利于其身心健康与合法权益的保护。

(4) 告知诉讼风险

告知郝萌常见的败诉风险,如当事人隐瞒真实案情、对案情做虚假陈述、举证不能、对方有相反证据、超过诉讼时效等。

5. 洽商代理费

根据《律师服务收费管理办法》和当地律师收费标准以及案件争议财产的数额等,协商案件代理费用。

(二) 办理收案手续

1. 《委托代理合同》

由律师事务所与郝萌签订《委托代理合同》一式三份,一份由承办律师附卷存档,一份交郝萌,另一份律师事务所留存。注意,是由律师事务所和郝萌签订《委托合同》,而不是由办案律师与郝萌签委托合同。签订委托合同时应明确委托事项、代理权限、合同终止时间或终止条件、代理费数额、其他费用(差旅费、文印费、通信费等)的数额和收取方式等。

2. 《授权委托书》

请郝萌签发《授权委托书》一式三份,一份郝萌留存,一份交由承办律师附卷存档,另一份将来送交受理案件的人民法院。

签订《委托合同》之后,由郝萌向具体办案的律师签发《授权委托书》。一般情况下,离婚案件的委托授权书应签为一般授权,如调解、签收调解书等涉及人身关系的不宜特别授权,委托人必须亲自为之,关系是否同意离婚及法律文书的效力问题。

3. 《律师事务所函》

律师出庭须由律师事务所签发《律师事务所函》或《律师出庭函》,向人民法院起诉或出庭时由办案律师提交受案人民法院。

4. 调查函

根据案情需要,如需进一步调查证据的,由律师事务所出具调查证明。

5. 缴费

郝萌应按照《委托代理合同》的约定,向律师事务所缴纳案件代理费,律师事务所向郝萌出具正式发票。

四、分组操作

1. 教师根据班级人数将学生分为若干个实训组。
2. 各实训组独立分析案情,学习操作指导内容,整理出工作思路和具体步骤。
3. 各实训组自行收集、查阅与接受委托相关的法律、法规、规章等规范性文件以及各种文书格式,了解接受委托实务操作规范,并结合实训案例充分开展实务操作,逐项完成实训任务。
4. 教师在必要时给予提示、指导或帮助。

五、评议考核

分组操作环节完成后,由各组汇报本组操作过程和任务完成情况,并作出自我评价;教师组织各组互相评议,取长补短;最后教师对各组的任务完成情况进行比较、点评、总结。

六、巩固练习

(一)练习案例:刘女士诉北京丽人摄影公司、杂志社肖像权纠纷

2008年9月3日,孕妇刘女士在北京丽人摄影公司拍摄了一组孕妇照片。当月的一天,刘女士与朋友聊天时,朋友夸她照片拍得不错,还问她是不是在给一家杂志做形象代言,收了多少代言费。刘女士一头雾水,赶忙询问朋友是怎么回事。刘女士的朋友拿出一本杂志,杂志中刊登了刘女士在摄影公司所照的照片,其中一页是该杂志和多家医院发起的产检经历征文活动的宣传,在该页中配有刘女士大幅的孕妇照,还表明照片由该摄影公司提供。

这件事给刘女士带来了很多麻烦,她的同事知道此事后都议论纷纷。由于她所在的公司禁止员工在外兼职,否则要罚钱,刘女士也因此面临公司的处罚。为了防止与摄影公司交涉会产生影响,直到2009年11月13日,刘女士从摄影公司拿走相册后,她才给杂志社及摄影公司发函协商解决此事,摄影公司的工作人员与刘女士联络并表示了歉意,但双方对赔偿事宜没有达成一致意见。杂志社以照片是摄影公司发给他们为由拒绝承担责任。

刘女士认为他们的这种行为侵犯了她的肖像权,因此将杂志社和丽人摄影公司诉至法院,要求被告在刊登她照片的杂志上对侵犯其肖像权的行为公开赔礼道歉,并赔

偿精神损失费和其他费用。

(二) 练习任务

刘女士欲起诉丽人摄影公司和杂志社,委托律师代理诉讼。

1. 请列出会见当事人刘女士的具体工作任务和工作内容。
2. 根据具体案情办理相关委托手续。

(三) 操作提示

律师事务所根据本案当事人刘女士的委托,指派律师参与刘女士诉丽人摄影公司和杂志社肖像权纠纷案的诉讼活动。刘女士在委托律师时如指明请求某律师为其代理时,律师事务所应尽可能满足刘女士的要求,但必须经律师事务所办理委托手续。

1. 会见刘女士

(1) 审查本案是否符合接受委托的范围和情形

司法实践中,接受委托的范围和情形有10种,审查刘女士诉丽人摄影公司、杂志社肖像权纠纷案是否符合接受委托的范围和情形。

(2) 审查本案有无利益冲突情况

审查刘女士与该律师事务所和律师或对方当事人有无利益冲突情况。即对方当事人是否已经委托了本律师事务所的律师,如果是应如何排除。

(3) 向刘女士了解案情及基本情况

了解刘女士及丽人摄影公司和杂志社的基本情况,了解基本案情并询问案件重点、细节,如刘女士与丽人摄影公司是否签订合同,约定内容如何,杂志社刊登刘女士照片的细节情况等。

(4) 运用民事实体法及诉讼法的基本理论和法律规定初步分析案情,告知刘女士在本案中应有的权利并提示相关诉讼风险。

(5) 洽商代理费

律师事务所与委托人,根据《律师服务收费管理办法》和当地律师收费标准以及案件争议财产的数额等,协商案件代理费用。

2. 办理收案手续

(1) 由律师事务所与刘女士签订《委托代理合同》一式三份,一份由承办律师附卷存档,一份交刘女士,另一份由律师事务所留存。《委托代理合同》内容应注意授权内容、代理时限及收费项目和数额的确定。

(2) 请刘女士签发《授权委托书》一式三份,一份刘女士留存,一份交由承办律师附卷存档,另一份将来送交受理案件的人民法院。

(3) 由律师事务所开具《律师事务所函》,由承办律师呈送受理案件的人民法院。

(4) 根据案情需要证据调查情况,律师事务所出具调查专用证明。

(5) 由律师事务所依照《委托代理合同》约定的数额向刘女士收取代理费用,律师事务所向刘女士出具正式发票。

实训案例二　张强诉李立、佳平公司工伤事故损害赔偿纠纷

一、案情介绍

2008年6月23日,在城乡交界处短工市场,李立雇用张强等人给佳平公司卸车,口头允诺报酬为85元1天。在卸车平台操作过程中,连接滚筒的缆绳被拉断导致滚筒脱落,张强被砸受伤。随后,张强被送往东平市第一人民医院,住院治疗35天,经鉴定伤残等级为八级。期间花费医疗费4679.3元,护理费990元,误工费3500元,伙食补助费420元,交通费326.5元,营养费460元。

经查,李立没有相关施工资质,佳平公司称与李立签订过承揽协议,但一直未出示该协议,李立称与佳平公司系承包关系。另查,佳平公司对其所属卸车平台在操作过程中没有采取安全防范措施,对张强等人施工中存在监工不力等情形。

张强,男,汉族,农民,1968年2月25日出生,河北省巍山县人,住巍山县小洼村222号。

委托代理人,赵建设,男,巍山县正义律师事务所律师。

李立,男,汉族,1973年4月5日出生,河北省东平市人,住东平市西苑花园3-3-402号。东平市佳平塑料制品有限责任公司,法定代表人,李天水。

委托代理人,张晨,东平市红星律师事务所律师。

二、实训任务

1. 张强欲委托律师通过诉讼方式维护其合法权益,应以谁为被告?
2. 若提起诉讼,如何确定诉讼请求?
3. 张强应向哪个人民法院提起诉讼?
4. 撰写起诉状。
5. 收集整理相关证据,编制证据目录。
6. 起诉时应向人民法院提交哪些材料?

三、操作指导

在进行具体实训操作之前,要认真分析、研究案情,对案件涉及的法律关系一定要

分析透彻,只有清楚、确定地分清当事人双方的权利义务关系之后才能知道案件怎样解决。

这是一起人身损害赔偿案件,当事人人数不多,案情简单,但是其中存在多个法律关系,较为复杂,在原告起诉阶段的实际操作中应注意把握以下几个方面的内容。

1. 被告的确定。

提示:分析张强与李立是何种法律关系;李立与佳平公司是何种法律关系;若李立和佳平公司均是适格被告,那么责任应如何分担?

2. 诉讼请求的提出应合理、恰当,有理有据。

提示:本案是一起人身损害赔偿纠纷案件,诉讼请求的内容可根据《最高人民法院关于审理人身损害赔偿案件适用法律若干问题的解释》确定。

3. 分析雇工在工作过程中受伤责任应由谁承担。

提示:佳平公司称与李立为承揽关系,注意分析是否应认定为承揽关系?

4. 起诉人民法院的选择,注意管辖的问题。

5. 撰写起诉状。

6. 收集整理相关证据,编制证据目录。

7. 整理起诉时应向人民法院提交的所有材料,办理起诉手续。

四、分组操作

1. 教师根据班级人数将学生分为若干个实训组。

2. 各实训组独立分析案情,学习操作指导内容,掌握起诉条件、地域管辖、起诉状的撰写等实务常识。

3. 各实训组自行收集、查阅与提起诉书相关的法律、法规、司法解释等规范性文件以及起诉状、证据目录等文书格式,了解起诉所应准备的文件材料种类和内容,并结合实训案例充分开展实务操作,逐项完成实训任务。

4. 教师在必要时给予提示、指导或帮助。

五、评议考核

分组操作环节完成后,由各组汇报本组操作过程和任务完成情况,并作出自我评价;教师组织各组互相评议,进行分析;最后由教师对各组的任务完成情况综合进行比较、点评、总结。

六、巩固练习

(一) 练习案例:谢明诉虹桥房地产开发有限公司商品房买卖合同纠纷

2005年10月8日,谢明向重庆虹桥房地产开发有限公司购买建筑面积为12.42平方米的商品房一间,双方签订商品房买卖合同。双方约定:虹桥房地产开发有限公司将其开发的"文隆都市广场"的房屋预售给谢明。房号为 C4 的房屋,建筑面积 12.42 平方米,其中套内面积 8.22 平方米,分摊面积 4.2 平方米,单价 9497.32 元/平方米。

合同第 4 条计价方式与价款中约定:按套内建筑面积计算,该商品房成交金额为 78068 元。合同第 5 条面积确认及面积差异处理中约定:根据当事人选择的计价方式,本条规定以套内建筑面积为依据进行面积及面积差异处理。合同约定,面积与产权登记面积有差异的,以产权登记面积为准。商品房交付后,若产权登记面积与合同约定面积发生差异,双方同意按以下原则处理:一是面积误差比绝对值在 3% 以内(含 3%)的,以本合同第 4 条约定的计价方式按产权登记面积,据实结算房价款;二是面积误差比绝对值超出 3% 时,买受人有权退房。买受人退房的,出卖人在买受人提出退房之日起 30 日内将买受人已付款退还给买受人,并按银行同期存款利率付给利息。买受人不退房的,合同继续履行,买卖双方以此合同第 4 条约定的计价方式按产权登记面积,据实结算房价款;对产权登记面积小于合同登记面积的情形,面积误差比值超出 3% 部分的房价款由出卖人双倍返还买受人。

合同签订后,谢明按约定支付了购房款,虹桥房地产开发有限公司按约定交付了房屋,交付的房屋经产权登记机关确认,建筑面积为 11.61 平方米,比合同约定的减少了 0.81 平方米,套内建筑面积为 8.61 平方米,比合同约定的增加了 0.39 平方米,即公摊面积减少了 1.2 平方米。谢明认为房地产公司交付自己的房屋,不但套内面积要符合合同约定,而且公摊面积也要符合合同约定,否则即构成违约。现房地产公司交付给自己的房屋套内面积和公摊面积均不符合约定,即套内面积增加,公摊面积减少。虽然双方在合同第 5 条面积确认及面积差异处理中约定了以套内建筑面积为依据进行面积确认及面积差异处理,并约定套内面积按产权登记面积据实结算,即套内面积增加应计付房价款,但公摊面积减少,双方未约定如何处理。而房地产公司交付的房屋,恰恰是合同约定计付房价款的部分增加了面积,而未作出约定的部分减少了面积,属故意违约,谢明要求房地产公司承担违约责任,返还部分房款,房地产公司拒绝返还。2008 年 8 月 4 日,原告谢明向法院提起诉讼。

(二)练习任务

1. 确定原告谢明的诉讼请求。
2. 组织整理支持原告谢明诉讼请求的事实和理由。
3. 制作证据目录。
4. 制作起诉状。
5. 办理起诉手续。

(三)操作提示

1. 确定诉讼请求。
2. 组织整理事实和理由:
(1)谢明和虹桥房地产公司商品房买卖合同是否存在且有效;
(2)虹桥房地产公司是否存在违约的事实;
(3)谢明要求虹桥房地产公司返还部分房款的依据是什么。
3. 制作证据目录:

(1) 谢明作为原告主体资格方面的证据；
(2) 案件事实方面的证据，如商品房买卖合同，交付房屋的产权登记面积证明；
(3) 诉讼请求中确定的利息、违约金等方面计算依据的证据。
4. 制作起诉状。
5. 办理起诉手续：
(1) 到立案庭办理立案手续；
(2) 提交立案所需材料。

实训案例三　孙英诉王建武遗嘱继承纠纷

一、案情介绍

梧州市海天区人民法院立案庭收到本区居民孙英的起诉状、证据等材料，起诉状内容如下：

民事起诉状

原告：孙英，女，1971年4月25日生，汉族，住梧州市广安区锦绣花园小区3号楼1实训项目302室，电话：××××××。

被告：王建武，男，1965年9月13日生，汉族，住梧州市海天区柳州怡园小区9号楼4实训项目601室，电话：××××××。

诉 讼 请 求

1. 请求被告将海天区柳州怡园小区9号楼4实训项目101室房屋产权归还原告；
2. 一切诉讼费用由被告承担。

事实与理由

原告与被告系同父异母兄妹关系，原告系被告王建武的父亲王景宇的非婚生女儿，原告由母亲抚养长大，与母亲共同生活。原被告之父王景宇自觉亏欠原告孙英太多，于2005年留有自书遗嘱，该遗嘱中明确写明：我有一女儿名叫孙英，是我与孙志冬于1971年所生之女儿，但我未与她共同生活过，自觉亏欠太多，现立遗嘱如下："将我个人所有的房产海天区柳州怡园小区9号楼4实训项目101室于我死后留给女儿孙英所有"。原被告之父王景宇于2007年11月23日因心脏病发作在家中去世。被告在父亲丧事办理完后，直接将父亲的房产海天区柳州怡园小区9号楼4实训项目101室产权过户到自己名下，原告向被告出示了父亲的生前遗嘱，要求被告归还房屋，但被告至今不肯归还原告。故诉至贵院，望依法裁判。

此致
梧州市海天区人民法院

具状人：孙英
2008年1月9日

附：1. 本状副本1份；
　　2. 证据材料4份。

立案庭负责法官开始审查起诉材料,审查其是否符合立案条件,并办理相关手续。

二、实训任务

1. 立案应符合哪些基本条件。
2. 为本案办理立案手续。
3. 制作并向当事人送达法律文书。

三、操作指导

海天区人民法院接到原告孙英的起诉材料后,应在法律规定的期限内审查其是否符合起诉条件,并根据审查结果决定是否立案,并办理相关立案手续。

(一)审查起诉条件

1. 立案审查期间的规定

本案中,海天区人民法院应自接到原告孙英的起诉材料后在规定的时间内作出是否立案的决定。

2. 审查起诉材料是否符合立案条件

(1) 关于原告资格的立案审查

在本案中,原告孙英是否具有民事诉讼权利能力,是否可以独立进行民事诉讼。学生应根据原告提交的起诉状内容判断原告孙英与本案诉讼标的是否有利害关系,原告有没有资格提起民事诉讼。

(2) 关于被告资格的立案审查

孙英诉王建武遗产纠纷案中,原告孙英是否提出了明确的被告,看其能否提供被告的姓名、住所、电话等详细情况。

(3) 关于诉讼请求及事实理由的立案审查

本案中,原告在诉状中提出了明确的诉讼请求,请求人民法院判决被告将海天区柳州怡园小区9号楼4实训项目101室房屋产权归还原告,并由被告承担诉讼费用。事实与理由部分讲清了基本事实情况,阐明了提出诉讼请求的依据和理由。

(4) 关于受案范围和管辖的审查

本案中,法院组同学要结合案情和相关法律的规定确定本院对该案件有无管辖权。该案属于遗产继承纠纷案,根据专属管辖的规定,因继承遗产提起的诉讼,由被继承人死亡时住所地或主要遗产所在地人民法院管辖。本案中的被继承人王景宇于2007年11月23日因病在家中去世,原被告之父王景宇生前住在海天区柳州怡园小区9号楼4实训项目101室。原告到海天区人民法院起诉,是否符合专属管辖的规定。

(二)办理立案手续

1. 立案程序

原告带齐立案所需材料到人民法院起诉,人民法院在收到原告的起诉材料后进行审核,应在7日内进行审核并决定是否受理。

2. 案由确定

根据上述规定,结合案情,本案的案由应如何确定。

3. 送达受理案件通知书或不予受理裁定书

起诉经审查决定立案后,应当编立案号,填写立案登记表,向原告发出案件受理通知书。

4. 诉讼费用的计算与收取

诉讼费用应按照国务院《诉讼费用交纳办法》的规定计算收取,并通知当事人在7日内缴费,否则按撤诉处理。

5. 案件移交

立案后,立案庭应当在2日内将案件移送有关审判庭审理,并办理移交手续,注明移交日期。经审查决定受理或立案登记的日期为立案日期。

(三)相关法律文书的制作与送达

海天区人民法院受理案件后,立案庭要向原告孙英送达案件受理通知书,除此之外,海天区人民法院还要向孙英和王建武送达开庭传票、诉讼风险提示书,还要向被告王建武送达应诉通知书、举证通知书。对于受理案件通知书,是由立案庭送达。

为了让当事人和其他诉讼参与人有必要的时间做好出庭准备,人民法院应当在开庭3日前,用传票或通知书通知当事人或其他诉讼参与人。传票或通知书必须写明案件的案由和开庭的日期、时间、地点。公开审理的案件,应当公告当事人姓名、案由和开庭时间、地点。

人民法院向当事人送达传票、通知书和其他诉讼文书应当交收件人本人,如果本人不在,可交给他的成年家属或者所在单位的负责人员代收。收件人本人或者代收人拒绝接受或者拒绝签名盖章的,送达人可以邀请他的邻居或者其他见证人到场,说明情况,把文件留在他的住处,在送达证上记明拒绝的事由、送达的日期,由送达人签名,即视为已经送达。

四、分组操作

1. 教师根据班级人数将学生分为若干个实训组。
2. 各实训组以法院立案法官的视角分析案例内容,找出问题,理出解决思路。
3. 各实训组自行查《民事诉讼法》以及其他有关立案的规定,熟悉立案程序。收集、查阅法院立案文书,了解送达方式及原被告双方送达文书种类的不同,并结合实训案例开展实务操作,逐项完成实训任务。
4. 教师在必要时给予提示、指导或帮助。

五、评议考核

分组操作环节完成后,由教师组织实训小组在课堂上汇报本组操作过程和任务完成情况,各小组应将各组实训过程形成书面材料,并选派代表进行介绍。各组同学应当作出自我评价;实训小组汇报完实训过程后,教师要组织各组互相评议,由同学们进行自由发言,学生取长补短;最后教师对各组的任务完成情况进行比较、点评、总结。

六、巩固练习

(一)练习案例:马女士诉杨先生相邻建筑物利用关系纠纷

马女士和杨先生分别居住在丰台区花苑小区 8 号楼的 201 号、202 号,两家房子相邻。2008 年 6 月,杨先生将自家空调主机安装于自家窗前和马女士家阳台东侧窗下。马女士称,杨先生未经自己同意将空调装在了马女士的阳台旁,自己和家人的正常生活受到了影响,因此和杨先生多次协商,要求他把装在马女士家阳台旁的空调移走,但杨先生不同意。马女士无奈将邻居杨先生告到人民法院。丰台区人民法院立案庭收到了马女士递交的起诉状和相关证据,承办法官开始审查起诉材料,看其是否符合立案条件。

起诉状内容如下:

民事起诉状

原告:马九文,女,1968 年 9 月 25 日生,汉族,住北京市丰台区花苑小区 8 号楼 201 号,电话:××××××××。

被告:杨乃谦,男,1975 年 9 月 13 日生,汉族,住北京市丰台区花苑小区 8 号楼 202 号,电话:××××××××。

诉 讼 请 求

1. 请求被告将其装在原告家阳台旁的空调机移走。
2. 一切诉讼费用由被告承担。

事实与理由

原告和被告分别居住在丰台区花苑小区 8 号楼的 201 号、202 号,两家房子相邻。2008 年 6 月,被告未经原告同意,将自家空调主机安装于自家窗前和原告家阳台东侧窗下。自从被告将空调主机安装在原告家阳台窗下之后,原告和家人的正常生活受到了影响,噪音使得孩子不能正常学习,全家不能正常休息,原告与被告多次协商,要求被告把装在原告家阳台旁的空调移走,但被告不同意。故诉至贵院,望依法裁判。

此致

北京市丰台区人民法院

具状人:马九文
2008 年 8 月 2 日

附:1. 本状副本 1 份;
  2. 证据材料 3 份。

（二）练习任务

1. 审查原告马女士起诉条件。审查马女士是否具有民事诉讼主体资格，是否有明确的被告，是否提出具体的诉讼请求和事实理由，是否应由北京市丰台区人民法院主管和管辖。

2. 办理相关立案手续。法院组同学应按照法律规定接收马女士起诉材料，在规定期限内进行审查，并作出是否立案的决定，若决定立案的，要办理相关立案手续。

3. 向原告马女士和被告杨先生送达相关诉讼文书。

（三）操作提示

1. 学生要掌握人民法院受理案件的条件，参考最高人民法院《关于人民法院立案工作的暂行规定》，填写《立案审批表》报庭长审批。

2. 对符合立案条件的，在法定期限内向原告送达《受理案件通知书》；对不符合立案条件的，作出不予受理的裁定，送达原告，并告知原告，对不予受理裁定不服的，可向上一级人民法院提起上诉。

实训案例四 蒋京辉与光明家园房屋中介有限公司及马静房屋买卖合同纠纷

一、案情介绍

蒋京辉在金华市中山区有一处房产。其价值大约在 50 万元左右。蒋京辉想将该房屋卖掉。蒋京辉将产权证及房屋钥匙交与光明家园房屋中介有限公司并委托其帮自己以不低于 50 万元价格卖掉该房。蒋京辉向该中介公司签订了委托授权书,载明"由光明家园房屋中介有限公司代理的关于出售该房屋一切手续,对委托人均为有效",代理权期限为 3 个月,并书面承诺当办理完委托事项后,向其支付 4000 元的劳务费。同时口头委托其表弟孙某代为收取售房款,当时有该中介公司的客户郭某和宋某在场。5 日后,该中介公司将该房屋以 50 万元的价格售予本中介公司的员工业务员马静,房款 50 万元支付给了孙某,孙某向该中介公司开具了 50 万元收款凭证。但是为了少交契税,在过户时以 30 万的价格办理了过户手续。后来当蒋京辉向孙某索取房款时,孙某已将该笔款项用于偿还自己的债务,不能归还蒋京辉,在蒋京辉的一再催要下,孙某竟然离家出走,不知去向。蒋京辉无奈将光明家园房屋中介有限公司和马静告上法庭。

起诉状内容如下。

民事起诉状

原告:蒋京辉,男,1972 年 9 月生,现住中山区凤凰花园小区 12 号楼 4 实训项目 702 室,电话 1384××××××××。

被告:光明家园房屋中介有限公司。

法定代表人:李东,总经理。

地址:中山区会宁大厦 A 座 101 室,电话:×××××××××。

被告:马静,女,1977 年 12 月生,现住中山区古梨园小区 9 号楼 1 实训项目 201 室,电话:×××××××××。

诉讼请求

1. 请求法院确认被告光明家园房屋中介有限公司以原告名义与被告马静所签的房屋买卖协议无效;
2. 责令二被告恢复原告对该房屋的所有权;
3. 诉讼费用由被告承担。

事实和理由

2009年4月,原告委托被告为其出售房屋,但被告却以30万元的低价将价值50万元的房屋卖与其员工马静,并办理了过户手续,且至今未向原告支付房款。两被告恶意串通,骗取原告房产,其所签的房屋买卖协议严重侵犯了原告的合法权益,依法应认定无效。被告马静依据无效协议所取得的房产理应返还给原告。敬请法院依法裁决。

此致
中山区人民法院

具状人:蒋京辉
2009年9月7日

附:1. 本诉状副本1份;
   2. 证据和证据来源,证人姓名和住址。

中山区人民法院受理了此案,向被告送达了应诉通知书、举证通知书、原告起诉状以及开庭传票等法律文书。

金华市中山区人民法院
举证通知书

(2009)中民初字第××××号

光明家园房屋中介有限公司:

根据《中华人民共和国民事诉讼法》和《最高人民法院关于民事诉讼证据的若干规定》,现将有关举证事项通知如下:

一、当事人应当对自己提出的诉讼请求所依据的事实或者反驳对方诉讼请求所依据的事实承担举证责任。当事人没有证据或者提出的证据不足以证明其事实主张的,由负有举证责任的当事人承担不利后果。

二、向人民法院提供证据,应当提供原件或者原物,或经人民法院核对无异议的复制件或者复制品。并应对提交的证据材料逐一分类编号,对证据材料的来源、证明对象和内容作简要说明,依照对方当事人人数提出副本。

三、申请鉴定,增加、变更诉讼请求或者提出反诉,应当在举证期限届满前提出。

四、你方申请证人作证,应当在举证期限届满的10日前向本院提出申请。

五、申请证据保全,应当在举证期限届满的7日前提出,本院可根据情况要求你方提供相应的担保。

六、你方在收到本通知书后,可以与对方当事人协商确定举证期限,向本院申请认可。你方与对方当事人未能协商一致,或者未申请本院认可,或本院不予认可的,你方应当于2009年10月22日前向本院提交证据。

七、你方在举证期限内提交证据材料确有困难的,可以依照《最高人民法院关于民事诉讼证据的若干规定》第36条的规定,向本院申请延期举证。

八、你方在举证期限届满后提交的证据,不符合《最高人民法院关于民事诉讼证据的若干规定》第41条、第43条第2款、第44条规定的"新的证据"的规定的,视为你方放弃举证权利。但对方当事人同意质证的除外。

九、符合《最高人民法院关于民事诉讼证据的若干规定》第17条规定的条件之一的,你方可以在举证期限届满的7日前书面申请本院调查收集证据。

2009年9月20日

(院印)

金华市中山区人民法院
传　票

案号	(2009)金中　民初字第××××号
案由	蒋京辉与光明家园房屋中介有限公司、马静房产纠纷案
被传唤人	光明家园房屋中介有限公司
单位或地址	中山区会宁大厦A座101室
传唤事由	开庭
应到时间	2009年10月28日9时30分
应到处所	第一审判庭
联系电话	××××××××

注意事项:1. 被传唤人必须准时到达应到处所。

2. 传票由被传唤人携带来院报到,兼作出入凭证,到案后收回入卷。

3. 被传唤人收到传票后,应在送达回证上签名或盖章。

审判长:张东浩
审判员:李英
审判员:胡志飞
书记员:王梅
2009年9月20日

二、实训任务

1. 分析法院送达的各种法律文书,整理重要信息,尤其是时间信息。
2. 结合本案策划应诉策略。
3. 收集、整理证据,制作答辩状。

三、操作指导

（一）分析法院送达的法律文书

被告要认真分析收到的应诉通知书、举证通知书和开庭传票以及原告的起诉状副本等法律文书，整理并记录其中的重要信息，为准备自己的应诉材料、制定应诉思路作准备。

1. 被告方或者被告代理人分析应诉通知书

应诉通知书是被告收到的重要法律文书之一，其内容主要是通知被告应诉的有关事项，在本案被告收到的应诉通知书中，作为被告或其诉讼代理人应当注意以下几个问题。

（1）根据《民事诉讼法》第50条、第51条、第52条的规定，要清楚被告享有的具体诉讼权利有什么，并知道如何行使。被告光明家园房屋中介有限公司、马静分别具有委托代理人，申请回避，收集、提供证据，进行辩论，请求调解，提起上诉，申请执行的权利；查阅、复制有关材料和法律文书的权利；自行和解的权利；放弃或者变更诉讼请求，承认或者反驳诉讼请求，提起反诉等权利。

（2）提交答辩状的时间规定，是在收到起诉状之日起15日内提交。这里就要求被告记清楚收到起诉状的日期，然后从次日起计算15日，在这15日内向人民法院提交答辩状。

（3）在这个案件中，被告光明家园房屋中介有限公司是法人、马静是自然人，应当提交相关证明。

（4）本案中，被告委托诉讼代理人要向中山区人民法院提交授权委托书，这个内容在被告委托的诉讼代理人与被告办理接受委托手续的时候就应当准备好。

2. 分析法院举证通知书

在举证通知书这个法律文书中，需要被告或其诉讼代理人注意的问题很多，结合上述案件的内容注意以下几项。

（1）被告委托的诉讼代理人要提醒当事人收集案件证据，并且要尽量提供原件或者原物，如在本案中，原告与被告光明家园房屋中介有限公司签订的委托合同，原告给被告光明家园房屋中介有限公司的授权委托书，被告光明家园房屋中介有限公司代理原告与另一被告马静签订的售房合同书、马静支付购房款的凭证等都是重要证据，被告应准备好。

（2）被告方是否选择与对方协商举证期限，若不协商，按照中山区人民法院的要求，被告方应在2009年10月22日前提交证据，这是一个相当重要的时间。

（3）本案中涉及证人出庭作证，即光明家园房屋中介有限公司的两客户郭某和宋某证明原告口头委托其表弟孙某代为收取售房款的事实。所以，应当在举证期限届满的10日前向中山区人民法院提交证人出庭申请书，以免影响证人作证。

（4）本案中证据的收集是否有必要申请延期举证。

3. 被告分析法院开庭传票

在本案被告收到的开庭传票中有两个重要内容需要注意。

(1) 开庭时间。时间不能延误,否则会影响出庭应诉。这个时间非常重要,被告和被告委托的诉讼代理人都应当记清楚。

(2) 关于合议庭组成人员。有的人民法院会单独向当事人送达合议庭组成人员告知书,但大多数人民法院都是在开庭传票中列明合议庭组成人员及书记员。因此,收到此类开庭传票后要分析合议庭组成成员和书记员与本案是否存在利害关系,是否要申请他们回避。

4. 被告分析原告的起诉状

根据本案案情和原告起诉状的内容,从被告及其诉讼代理人的角度可以作以下分析。

(1) 原告诉讼请求是:① 请求法院确认被告光明家园房屋中介有限公司与被告马静所签的房屋买卖协议无效;② 责令两被告恢复原告对该房屋的所有权。原告阐述的事实和理由是:被告以30万元低价将价值50万元的房屋卖与被告马静,并且未支付房款,办理了过户手续。原告认为两被告恶意串通,骗取原告的房产,侵害了其合法权益。这个事实和理由是否成立,根据案情,被告代理原告与马静签订的售房合同,约定的房屋价款为50万元,而不是30万元,有合同书为证;另外,原告说未支付房款,也不成立,因为被告已将50万元交付给了原告指定的收款人,这个收款人就是原告的表弟孙某,被告有50万元的收款凭证,并且原告委托孙某收款这件事有证人作证。由此可以判断出被告光明家园房屋中介有限公司的行为是否存在与被告马静恶意串通,损害其利益的事实。因此,光明家园房屋中介有限公司与马静签订的合同效力我们也能作出判断,房屋所有权转移是否合法有效。至于原告未得到房款,是何人造成的,与本案被告有无关系。

(2) 本案中法院管辖有没有问题,是否涉及提出管辖权异议。

(3) 在本案中,是否存在提出反诉的问题。

(二)策划应诉思路

1. 被告方分析是否能提出该法院对本案无管辖权。

2. 依据案情和法律提起反诉。

在本案中,被告光明家园房屋中介有限公司作为原告的受托人,与原告之间存在着委托关系,原告书面承诺当被告办理完委托事项后向其支付4000元的劳务费,被告若不认可原告的诉讼请求,是否可以考虑以此向法院提出反诉。

3. 决定直接答辩。

被告应诉在一般情况下都是直接进行答辩,其主要工作就是分析案情、收集证据、制作答辩状。

(三)收集、整理证据,组织答辩内容,制作答辩状

1. 根据原告的起诉材料,收集、整理被告方的有力证据,制作证据目录。

2. 制作答辩状。

本案中,被告在答辩状中,首先要针对原告的第一项诉讼请求,即要求法院确认被告光明家园房屋中介有限公司以原告名义与被告马静所签的房屋买卖协议无效进行答辩,提出自己一方明确的观点,如不认为房屋买卖合同无效并阐述理由。

然后对第二项诉讼请求即责令两被告恢复原告对该房屋的所有权进行答辩,要紧密结合对第一项诉讼请求答辩内容进行进一步的阐述。

原告在诉讼中有遗漏重要事项未提及或故意隐瞒的情况时,被告可以在答辩状中补充并提出自己的意见,只要是该案件中涉及的问题而原告未提及或虽提及但角度不同的,被告都可以就某事项提出自己的主张,发表自己的意见,并彰显于答辩状内。本案中,原告承诺支付被告光明家园房屋中介有限公司劳务费 4000 元,原告并未提及,原告委托其表弟孙某代收房款一事,原告也未提及,被告可以就此提出自己的意见,以达到反驳对方主张的目的。

被告准备答辩状一式三份,自己留存一份,交给人民法院两份,其中一份人民法院留存,另一份副本则由人民法院自收到答辩状之日起 5 日内发送给原告。

3. 递交答辩状及其他诉讼材料。

答辩状及证据目录制作好后,在规定的答辩期内递交给人民法院,同时还应提交被告人身份证明等法院要求提交的材料。如果委托了诉讼代理人,还应提交授权委托书等。

4. 证据的继续收集和提交。

四、分组操作

1. 教师根据班级人数将学生分为若干个实训组。

2. 各实训组独立分析法院送达的起诉状、举证通知和传票等材料,学习操作指导内容并用以指导应诉策略的制定。

3. 各实训组根据传票和举证通知的内容确定相应的应诉时间如举证时间、提交答辩状时间、申请证人出庭时间、申请法院调查取证的时间等。查阅相关的法律规定及文书格式,并结合案情开展实务操作,逐项完成实训任务。

4. 教师在必要时给予提示、指导或帮助。

五、评议考核

各实训小组按实训要求分组进行实际演练,熟悉被告如何应诉,操作环节完成后,由各组将演练情况形成书面材料,在课堂上汇报本组操作过程和任务完成情况,并作出自我评价。教师在各组汇报结束后要组织学生互相评议,取长补短,鼓励学生结合各组汇报情况发表自己的评论。最后,教师对各组的任务完成情况进行比较、点评、总结。

六、巩固练习

(一)练习案例:李晓东与北京和顺出租车公司汽车买卖合同纠纷

2007 年 11 月 30 日,河北廊坊的李晓东与北京和顺出租车公司达成协议,购买该公司 2 辆淘汰下来的出租车,车价款共计 1.8 万元,落户到廊坊。此前一天,李晓东已经将全部购车款交给出租车公司的工作人员孙某,孙某为其出具了收条。2007年12月3日,2辆车转移登记在李晓东名下,登记证书上记载的使用性质为出租转非,获得方式为购买,转入地车管所名称为廊坊车管所。后北京车管所为李晓东办理机动车转籍档案及车辆购置税档案等迁出手续,并将密封档案交给李晓东,告知其于90日内到转入地车管所申请办理转入登记。

李晓东回到廊坊办理转籍手续时,未得到办理。廊坊交警大队为此给北京车管所出具函件,称根据《廊坊市机动车尾气检测治理管理办法》,外埠转籍的车辆属于"各类出租车、营运客车,注册登记已满3年的"严禁转入,据此涉案车辆不予接受、予以退回。虽然2辆车及相关票证都在自己手中,但车成了"黑车",不能上路行驶,失去购车目的。李晓东与出租车公司多次协商,要求向出租车公司退车并向自己返还车款1.8万。但出租车公司认为自己没有责任,李晓东于是向北京市丰台区人民法院提起诉讼。

起诉状内容如下。

民事起诉状

原告:李晓东,男,1975年9月生,现住廊坊市××小区1号楼4实训项目702室,电话13×××××××××。

被告:北京和顺出租车公司。

住址:北京市丰台区××××商务楼12号,电话:×××××××××。

法定代表人:张立,北京和顺出租车公司经理,电话:137×××××××。

诉 讼 请 求

1. 请求法院判令解除原被告双方的出租车买卖合同;
2. 请求被告给原告退车,并返还购车款1.8万元;
3. 诉讼费用由被告承担。

事实和理由

2007年11月30日,原告与被告达成协议,原告购买被告两辆淘汰下来的出租车,车价款共计1.8万元,落户到廊坊。2007年11月29日,原告已经将全部购车款交给出租车公司的工作人员孙某,孙某出具了收条。2007年12月3日,两辆车转移登记在原告名下,登记证书上记载的使用性质为出租转非,获得方式为购买,转入地车管所名称为廊坊车管所。

原告回到廊坊办理转籍手续时,未得到办理。廊坊交警大队为此给北京车管所出具函件,称根据《廊坊市机动车尾气检测治理管理办法》,外埠转籍的车辆属于"各类出租车、营运客车,注册登记已满三年的"严禁转入,据此涉案车辆不予接受、予以退回。虽然两辆车及相关票证都在原告手中,但车成了"黑车",不能上路行驶,失去购车目的,使得合同目的不能实现。双方的买卖合同应予以解除。原告与被告多次协商,要求向出租车公司退车并向自己返还车款1.8万元。但被告不予办理,故诉至贵院,请求法院依法裁判。

此致

丰台区人民法院

具状人:李晓东

2008年2月6日

附:1. 本诉状副本1份;
2. 证据和证据来源,证人姓名和住址。

(二)练习任务

北京和顺出租车公司接到法院传票和应诉通知书,进行应诉。

1. 研究法院的开庭传票,分析传票的内容,发现存在的问题;
2. 研究原告的起诉状,分析该起诉状的内容,发现存在的问题;
3. 根据分析上述法律文书的结果,策划答辩思路和应诉策略;
4. 根据分析上述法律文书的结果,收集证据,制作答辩状。

(三)操作提示

被告组同学在这一训练项目上应注意以下操作要点。

1. 首先注意受理案件的人民法院对该案件是否有管辖权,如果人民法院没有管辖权,应首先向人民法院提出管辖权异议,先不必要做实体上的答辩。本案属于合同纠纷案件,属于特殊地域管辖,要掌握特殊地域管辖中关于合同的规定,还要弄清出租车买卖合同中的具体约定。

2. 根据起诉状中的诉讼请求、事实和理由,收集本案证据,本案应诉需要收集的证据有:出租车质量合格证明、出租车买卖合同、北京车管所为李晓东办理机动车转籍档案及车辆购置税档案等迁出手续的证明、北京车管所将密封档案交给李晓东的证明、北京车管所告知李晓东90日内到转入地车管所申请办理转入登记的证明。

3. 在法定期限内,提交答辩状,在答辩状中对起诉状的内容进行答辩。

实训案例五　建设银行某支行与顺昌公司、宝银公司借款合同纠纷

一、案情介绍

(一) 基本案情

中国建设银行石家庄广平街支行(下称广平街支行)与河北顺昌线缆有限公司(下称顺昌公司)2003年4月24日签订一份借款合同,借款金额4000万元,借款期限自2003年4月14日至2005年4月13日,利率为5.0325‰。同日,广平街支行与河北宝银电子有限公司(下称宝银公司)为该笔贷款签订保证合同。2003年4月15日,广平街支行与顺昌公司签订抵押合同,以电缆等产成品(YJV4＊204＋1、THHN35、JKLY16、户外终端等)及厂房设定抵押。合同签订后,广平街支行依照合同约定将借款拨付给顺昌公司,而顺昌公司仅于2005年4月28日偿还10万元,其余贷款皆未如期偿还,保证人亦未履行保证责任。2005年6月8日,广平街支行起诉至河北省高级人民法院,要求顺昌公司偿还贷款全部本金及利息,并要求保证人宝银公司承担保证责任。

(二) 当事人提交的证据

债权人提交的证据如下。

1. 广平街支行与顺昌公司2003-18号借款合同

借款合同

合同编号：2003-18

贷款种类：人民币流动资金贷款

借款人：河北顺昌线缆有限公司(以下简称甲方)
住所：河北省石家庄市桥西区
法定代表人(负责人)：杨勇
传真：××××××××　　电话：××××××××

贷款人：中国建设银行股份有限公司石家庄广平街支行(以下简称乙方)
住所：石家庄市广平街22号

负责人：赵磊
传真：××××××××　　　电话：××××××××

　　甲方向乙方申请借款，乙方同意发放借款。根据有关法律法规和规章，甲乙双方经协商一致，订立本合同，以便共同遵守执行。

　　第一条　借款金额
　　甲方向乙方借款人民币（大写）<u>肆仟万元整</u>
　　第二条　借款用途
　　甲方借款将用于<u>流动资金</u>
　　第三条　借款期限
　　本合同约定借款期限为<u>贰年</u>，即从<u>2003</u>年<u>4</u>月<u>14</u>日至<u>2005</u>年<u>4</u>月<u>13</u>日。
　　本合同项下的借款期限起始日与贷款转存凭证不一致时，以第一次放款时的贷款转存凭证所载日期为准。贷款转存凭证为本合同的组成部分，与本合同具有同等法律效力。
　　第四条　贷款利率和计息、结息
　　一、本合同项下的贷款利率为日<u>5.0325‰</u>。
　　二、贷款利息自贷款转存到甲方账户之日起计算。本合同项下的贷款按日计息，按月结息，结息日固定为每月的第 20 日，日利率＝月利率/30。
　　三、本合同签订后、第一笔贷款发放之前，如遇中国人民银行调整利率，则按下述第<u>壹</u>项执行：
　　（一）继续执行本合同约定的利率。
　　（二）本合同将按新的利率政策执行。
　　四、利率的调整和利息的计收方式按照中国人民银行的有关规定执行。本合同履行期间如遇中国人民银行修改有关规定，并适用于本合同项下借款时，乙方无须通知甲方，即可按中国人民银行修改后的有关规定执行。
　　第五条　……
　　……
　　第七条　借款的担保
　　如为担保借款，担保的方式为以下第<u>壹</u>、<u>贰</u>种：
　　一、保证。
　　二、抵押。
　　三、质押。
　　四、备用信用证。
　　五、信用保险。
　　六、其他：_____
　　第八条　……
　　……

第十条　违约责任
一、违约情形
(一) 甲方违约
1. 未按一方的要求提供真实、完整、有效的财务会计、生产经营状况及其他有关资料；
2. 未按双方约定用途使用借款；
3. 未按期归还债务本息；
4. 拒绝或阻碍乙方对借款使用情况实施监督检查；
5. 转移资产，抽逃资金，以逃避债务；
6. 经营和财务状况恶化，无法清偿到期债务，或卷入或即将卷入重大的诉讼或仲裁程序及其他法律纠纷，乙方认为可能或已经影响或损害乙方在本合同项下的权益；
7. 所负的任何其他债务已影响或可能影响本合同项下对乙方义务的履行；
8. 未履行对建设银行的其他到期债务；
9. 在合同有效期内，实施承包、租赁、合并、兼并、合资、分立、联营、股份制改造等改变经营方式或转换经营机制的行为，乙方认为可能或已经影响或损害乙方在本合同项下的权益；
10. 乙方认为足以影响债权实现的其他情形；
11. 违反本合同其他约定的义务。

(二) 保证人出现以下情形，甲方未提供符合乙方要求的新的担保，视为甲方违约：
1. 保证人发生承包、租赁、合并、兼并、合资、分立、联营、股份制改造、破产、撤销等情形，足以影响保证人承担连带保证责任的；
2. 保证人向第三人提供超出其自身负担能力的担保的；
3. 保证人丧失或可能丧失担保能力的；
4. 保证合同约定的保证人其他违约情形。

(三) 抵押人出现以下情形，甲方未提供符合乙方要求的新的担保，视为甲方违约：
1. 抵押人未按乙方要求办理抵押物财产保险的，或发生保险事故后，未按抵押合同约定处理保险赔偿金的；
2. 因第三人的行为导致抵押物毁损、灭失、价值减少，抵押人未按抵押合同约定处理损害赔偿金的；
3. 未经乙方书面同意，抵押人赠予、转让、出租、重复抵押、迁移或以其他方式处分抵押物的；
4. 抵押人经乙方同意处分抵押物，但处分抵押物所得价款未按抵押合同约定进行处理的；

5. 抵押物毁损、灭失、价值减少，足以影响本合同项下的债务清偿，抵押人未及时恢复抵押物价值，或未提供乙方认可的其他担保的；

6. 抵押合同约定的抵押人其他违约情形。

（四）担保合同或其他担保方式未生效、无效、被撤销，或担保人出现部分或全部丧失担保能力的其他情形或者拒绝履行担保义务，甲方未按乙方要求落实新的担保的，视为甲方违约。

二、违约救济措施

出现上述第（一）至（四）项违约事件，乙方有权行使下述一项或几项权利：

（一）停止发放贷款，宣布贷款立即到期，要求甲方立即偿还本合同项下所有到期及未到期债务的本金、利息、费用；

（二）按贷款本金的 0.5‰ 向甲方收取违约金；

（三）甲方未按本合同约定用途使用借款的，对甲方挪用的部分按中国人民银行的有关规定计收罚息；

（四）借款到期前，对甲方未按时还清的利息按本合同第四条约定的利率和结息方式计收复利；

（五）借款逾期后，对甲方未按时还清的借款本金和利息（包括被乙方宣布全部或部分提前到期的借款本金和利息），按借款逾期时中国人民银行规定的逾期利率和本合同约定的结息方式计收利息和复利。借款逾期是指甲方未按期清偿或超过本合同约定的分次还款计划期限归还借款的行为；

（六）从甲方在中国建设银行系统开立的账户上划收任何币种款项；

（七）要求甲方对本合同项下所有债务提供符合乙方要求的新的担保；

（八）行使担保权利；

（九）解除本合同。

第十一条 ……

……

……

甲方（公章）：河北顺昌线缆有限公司
法定代表人或授权代理人（签字）：杨勇

2003 年 4 月 24 日

乙方（公章）：中国建设银行股份有限公司石家庄广平街支行
法定代表人或授权代理人（签字）：赵磊

2003 年 4 月 24 日

2. 借款借据

中国建设银行石家庄市广平街支行借款借据

合同编号 2003-18　　　　　　2003 年 4 月 14 日

借款单位名称	河北顺昌线缆有限公司	贷款账号	12312312	利率	日 5.0325‰
借款金额（大写）	肆仟万元整				金额（小写） 4000 0000.00
约定还款日期	金额	约定偿还期	金额		银行信贷部门审查及签章
2003.4.13	4000 0000.00				
根据　中国建设银行　贷款办法，借到你行该项借款，请转入我单位 00012345　账户，并愿意遵守你行有关贷款办法及计息规定。 借款单位　　　　　　　　银行会计 盖章　　　　　　　　　　盖章					经二级分行审查同意发放
偿还日期	金额	偿还日期	金额		

注：此借据由借款单位填写一式五份，印章必须与预留印鉴相符。

3. 广平街支行与宝银公司 2003-18 号保证合同

保 证 合 同

合同编号：2003-18

保证人：河北宝银电子有限公司（甲方）

住址：河北省邯郸市京新路

法定代表人：李宝银

抵押权人：中国建设银行股份有限公司石家庄广平街支行（乙方）

住所：石家庄市广平街 22 号

负责人：赵磊

传真：××××××××　　　电话：××××××××

　　为确保河北顺昌线缆有限公司（以下简称债务人）与乙方签订的编号为 2003-18 号的《人民币借款合同》（以下简称主合同）的履行，保障乙方债权的实现，甲方愿意为债务人与乙方依主合同所形成的债务提供连带责任保证。根据有关法律法规和规章，甲乙双方经协商一致，订立本合同，以便共同遵守执行。

第一条　保证方式

甲方提供连带责任保证。

甲方确认,当债务人未按主合同约定履行其债务时,无论乙方对主合同项下的债权是否拥有其他担保(包括但不限于保证、抵押、质押、保函、备用信用证等担保方式),乙方均有权直接要求甲方在其保证范围内承担保证责任。

第二条　保证范围

人民币(币种)债权本金(大写)贰仟万元及利息(包括复利和罚息)、违约金、赔偿金、乙方垫付的有关费用以及乙方为实现债权和抵押权的一切费用(包括但不限于诉讼费、仲裁费、财产保全费、差旅费、执行费、评估费、拍卖费等)。

第三条　保证期间

自本合同生效之日起至主合同项下的债务履行期限届满之日后两年止。甲方同意债权展期的,保证期间至展期协议重新约定的债务履行期限届满之日后两年止。

第四条　被保证的主合同的变更

甲方确认,乙方于债务人协议变更主合同条款的,视为已征得甲方事先同意,甲方保证责任不因此而减免,但以下两种情况除外:

1. 延长债务履行期限;
2. 增加债权本金金额。

第五条　合同效力的独立性

本合同的效力独立于主合同,主合同无效并不影响本合同效力。如主合同被确认无效,则甲方对于债务人因返还财产或赔偿损失而形成的债务也承担连带保证责任。

第六条　……

保证期间,未经乙方书面同意,甲方不得向第三方提供超出其自身负担能力的担保。

第七条　……

第八条　提前承担保证责任

保证期间,乙方根据主合同的约定,宣布债务提前到期的,乙方有权要求甲方在该提前到期日起叁拾个银行工作日内承担保证责任,甲方同意按乙方要求承担保证责任。

第九条　……

第十条　……

第十一条　合同争议的解决方式

本合同在履行过程中发生争议,可以通过协商解决,协商不成,按以下第壹种方式解决:

1. 向乙方所在地的人民法院起诉。

2. 提交_____仲裁委员会(仲裁地点为_____),按照申请仲裁时该会现行有效的仲裁规则进行仲裁。仲裁裁决是终局的,对双方均有约束力。

在诉讼或仲裁期间,本合同不涉及争议部分的条款仍须履行。

第十二条 合同的生效:

本合同经甲方法定代表人(负责人)或授权代理人签字或加盖公章(如甲方为自然人的,则其仅须签字)及乙方负责人或授权代理人签字并加盖公章后生效。

第十三条 ……

……

甲方(公章):河北宝银电子有限公司
法定代表人或授权代理人(签字):李宝银

2003 年 4 月 14 日

乙方(公章):中国建设银行股份有限公司石家庄广平街支行
负责人或授权代理人(签字):赵磊

2003 年 4 月 14 日

4. 广平街支行与顺昌公司抵押合同

抵押合同

合同编号:2003-18

抵押人:河北顺昌线缆有限公司(甲方)

住所:河北省石家庄市桥西区

法定代表人(负责人):杨勇

传真:×××××××× 电话:××××××××

抵押权人:中国建设银行股份有限公司石家庄广平街支行(乙方)。

住所:石家庄市广平街389号。

负责人:赵磊,支行行长。

传真:×××××××× 电话:××××××××

为确保河北顺昌线缆有限公司(以下简称债务人)与乙方签订的编号为2003-18号的《人民币借款合同》(以下简称主合同)的履行,保障乙方债权的实现,甲方愿意为乙方于债务人依主合同所形成的债权提供抵押担保。根据有关法律法规和规章,甲乙双方经协商一致,订立本合同,以便共同遵守执行。

第一条　抵押物

甲方以本合同第十六条"抵押物清单"所列之财产设定抵押。

甲方保证对抵押物依法享有所有权或处分权。

甲方保证抵押物不存在任何权属争议、被查封、被扣押等情况。

第二条　抵押担保范围

人民币（币种）债权本金（大写）贰仟万元及利息（包括复利和罚息）、违约金、赔偿金、乙方垫付的有关费用以及乙方为实现债权和抵押权的一切费用（包括但不限于诉讼费、仲裁费、财产保全费、差旅费、执行费、评估费、拍卖费等）。

当债务人为按主合同约定履行其债务时，无论乙方对主合同项下的债权是否拥有其他担保（包括但不限于保证、抵押、质押、保函、备用信用证等担保方式），乙方均有权直接要求甲方在其担保范围内承担担保责任。

第三条　抵押权的存续期间

抵押权的存续期间至被担保的债权诉讼时效届满之后两年止。

第四条　被担保的主合同的变更

甲方确认，乙方于债务人协议变更主合同条款的，视为已征得甲方事先同意，甲方担保责任不因此而减免，但以下两种情况除外：

1. 延长债务履行期限；
2. 增加债权本金金额。

第五条　合同效力的独立性

本合同的效力独立于主合同，主合同无效并不影响本合同效力。如主合同被确认无效，则甲方以抵押物对于债务人因返还财产或赔偿损失而形成的债务也承担担保责任。

第六条　……

……………

第十五条　合同争议的解决方式

本合同在履行过程中发生争议，可以通过协商解决，协商不成，按以下第壹种方式解决：

1. 向乙方所在地的人民法院起诉。
2. 提交＿＿＿＿＿＿仲裁委员会（仲裁地点为＿＿＿＿＿），按照申请仲裁时该会现行有效的仲裁规则进行仲裁。仲裁裁决是终局的，对双方均有约束力。

在诉讼或仲裁期间，本合同不涉及争议部分的条款仍须履行。

第十六条　抵押物清单

本合同项下的抵押物清单如下：

抵押物清单

抵押物名称	权属证书及编号	处所	抵押物发票上标明的价值（万元）	抵押物的评估价值（万元）	已经为其他债权设定抵押的金额（万元）	备注
YJV4＊204＋1型、THHN35、JKLY16型线缆BS001户外终端			3500万	1500万	无	
塑胶车间	石房权证灵字第00089071-18			2850.52	无	建筑面积3923 m²

第十七条 本合同满足以下条件后生效：

一、本合同经甲方法定代表人（负责人）或授权代理人签字或加盖公章（如甲方为自然人的，则其仅须签字）及乙方负责人或授权代理人签字并加盖公章；

二、本合同"抵押物清单"中的抵押物须依法登记的已办妥登记。

……

甲方（公章）：河北顺昌线缆有限公司

法定代表人或授权代理人（签字）：杨勇

2003年4月14日

乙方（公章）：中国建设银行股份有限公司石家庄广平街支行

负责人或授权代理人（签字）：赵磊

2003年4月14日

5. 原告方制作的证据目录

证据目录

序号	证据名称	证明事项	页码
01	借款合同	原告与被告顺昌公司之间存在债权、债务关系	1—10
02	借款借据		11
03	保证合同	被告宝银公司对2003-18号借款合同承担连带保证责任	12—20
04	抵押合同	被告顺昌公司为2003-10号借款合同设定了抵押	21—28

证据提交人：中国建设银行股份有限公司石家庄广平街支行

被告各方未提交证据。

（三）原告的起诉状如下

民事起诉状

原告：中国建设银行股份有限公司石家庄广平街支行。
住址：石家庄市广平街389号。
负责人：赵磊，支行行长。
被告：河北顺昌线缆有限公司。
住址：河北省石家庄市桥西区。
法定代表人：杨勇，公司经理。
被告：河北宝银电子有限公司。
住址：河北省邯郸市京新路。
法定代表人：李宝银，公司董事长。

诉 讼 请 求

1. 请求判令被告偿还原告本金3990万元、逾期利息53.87万元（计算到2005年6月8日）及以后新增利息。
2. 请求判令对被告顺昌公司为2003-18号合同提供担保的抵押物进行拍卖或变卖，原告对所得价款优先受偿。
3. 在抵押物不足以清偿借款本息时，判令河北宝银电子有限公司对2003-18号合同项下的借款本金及利息承担连带保证责任。
4. 诉讼费及保全费由被告负担。

事实和理由

中国建设银行石家庄广平街支行与第一被告河北顺昌线缆有限公司（下称顺昌公司）于2003年4月14日签订了一份编号为2003-18号借款合同，借款金额4000万元，借款期限自2003年4月14日至2005年4月13日，利率为5.0325‰，顺昌公司以电缆等产成品（YJV4*204+1、THHN35、JKLY16、户外终端等）及自己所有的坐落在石家庄市灵寿县的厂房为该借款设定了抵押，河北宝银电子有限公司（下称宝银公司）为该借款提供连带保证。

合同签订后，原告依照合同约定将借款拨付给顺昌公司，而顺昌公司仅于2005年4月28日偿还原告本金100000元，截至2005年6月8日，被告顺昌公司共欠原告本金3990万元及利息53.87万元，保证人亦未履行保证责任。为保护原告的合法权益，特向法院起诉，请求依法支持原告以上诉讼请求。

此致
河北省高级人民法院

　　　　　　具状人：中国建设银行股份有限公司石家庄广平街支行
　　　　　　　　　　二〇〇五年六月八日

(四) 被告答辩

1. 被告律师代表顺昌公司答辩要点

2003-18号合同项下抵押物为被告设备及厂房，未经登记，抵押合同不发生法律效力，原告对该抵押物不享有优先受偿权。

2. 被告律师代表宝银公司答辩

应优先以顺昌公司为贷款设定的设备、厂房等抵押物进行清偿。

二、实训任务

课堂上向学生分发模拟案例材料，并将同学分组模拟庭审，由审判组同学按照庭审程序组织审判，训练审判组同学的组织协调和发问能力以及总结审理重点的能力，训练书记员组同学的速记能力，训练原被告组同学当庭组织语言能力和法律运用能力。

1. 由原告律师组代理债权人广平街支行向法院起诉顺昌公司、宝银公司，明确请求事项，组织或调查相关证据，查阅法律依据，对本案已撰写的起诉状进行评析，撰写质证意见、辩论提纲（代理思路），撰写代理词等。

2. 由被告律师组分别代理顺昌公司、宝银公司应诉，组织答辩理由，组织或调查相关证据，查阅法律依据，编制答辩状、质证意见、辩论提纲（代理思路），撰写代理词等文书。

3. 由审判组同学根据原告诉求与被告答辩提炼法庭调查的重点，并根据案情提前列明法庭调查可能询问的事项，列出提问提纲。

三、操作指导

庭审的各个阶段任务，准确归纳审理要点，庭审秩序的组织与控制，当事人和代理人核对笔录，一审判决书的格式。

(一) 预备阶段

1. 注意书记员与审判人员的职责分工，审判长控制审理节奏。
2. 原被告双方是否需要对对方代理人提出回避。
3. 原被告双方是否需要对审判人员提出回避。

(二) 法庭调查

1. 原告的证据存在哪些问题？

提示：不动产抵押权人行使优先受偿权的条件。

2. 被告的抗辩理由是否成立？

提示：不动产抵押、动产抵押中抵押权人行使优先受偿权有何不同？

3. 审判组同学列出发问提纲，总结法庭调查的重点问题。

提示：合同是否成立，贷款是否发生，被告是否违约，抵押合同是否生效，抵押权人能否对抵押物行使优先权？

(三) 法庭辩论

1. 本案在借贷合同成立生效，双方对借款事实没有争议的情况下，法庭辩论的重点集中在哪些方面。

2. 学生庭后提交代理词,注意把握好庭上辩论及代理词的重点。

提示:重点注意对抵押问题的分析。

3. 注意不要遗漏调解程序。

4. 注意休庭后核对笔录并签字。

(四) 评议与宣判

学生撰写一份判决书,注意对双方证据是否确认,对争议焦点问题深入分析。

四、分组操作

1. 教师根据班级人数将学生分为若干个实训组,每组6~10人;各实训组又分为原告组、被告组和审理组,原告组或被告组可为2或3人,审理组简易程序为2人(审判员、书记员各1人),普通程序为4人(审判员3人,书记员1人)。

2. 原告组、被告组同学各自以原被告或其代理人的视角分析案情,收集、查阅相关法律规定和实务规程,逐项完成委托、起诉或应诉、调查取证等各个阶段的实训任务;并与审理组一起完成庭审程序。

3. 审理组同学以人民法院的立场分析案情,查阅相关规定,学习立案程序和庭审步骤。独立操作立案环节的实训任务,并与原告组、被告组同学一起完成庭审任务。

4. 教师在必要时给予提示、指导或帮助。

五、评议考核

分组操作环节完成后,由各组汇报本组操作过程和任务完成情况,并作出自我评价;教师组织各组互相评议,取长补短;最后教师对各组的任务完成情况进行比较、点评、总结。

六、知识拓展

(一) 延期审理、诉讼中止与终结

1. 延期审理

延期审理是指人民法院开庭审理后,由于发生某种特殊情况,使庭审无法按期或继续进行从而推迟审理的制度。有下列情形之一的,人民法院可以延期开庭审理:

(1) 必须到庭的当事人和其他诉讼参与人有正当理由没有到庭的;

(2) 当事人临时提出回避申请的;

(3) 需要通知新的证人到庭,调取新的证据,重新鉴定、勘验,或者需要补充调查的;

(4) 其他应当延期的情形。

2. 诉讼中止

诉讼中止是在诉讼进行过程中,因发生某种原因而使诉讼无法继续进行或者使诉

讼不宜继续进行,因而人民法院裁定暂时停止诉讼程序,待中止诉讼的原因消除后再恢复诉讼的制度。有下列情况之一的,应当中止诉讼:

(1) 一方当事人死亡,需要等待继承人表明是否参加诉讼的;
(2) 一方当事人丧失诉讼行为能力,尚未确定法定代理人的;
(3) 作为一方当事人的法人或者其他组织终止,尚未确定权利义务承受人的;
(4) 一方当事人因不可抗拒的事由,不能参加诉讼的;
(5) 本案必须以另一案的审理结果为依据,而另一案尚未审结的;
(6) 在借贷案件中,债权人起诉时债务人下落不明,或在审理中债务人出走,下落不明,借贷关系无法查明,事实难以查清的,裁定中止诉讼;
(7) 实用新型或外观设计专利侵权案中,被告在答辩期间请求宣告该项专利无效的,人民法院应当中止诉讼。

诉讼中止的原因消除后,由当事人申请或者人民法院依职权恢复诉讼程序。诉讼中止前进行的一切诉讼行为,在诉讼程序恢复后继续有效。

3. 诉讼终结

诉讼终结是在民事诉讼程序进行过程中,因发生某种法律规定的原因,致使正常的诉讼程序无法继续进行或者继续进行已没有必要,人民法院因此而裁定终结该民事诉讼程序的制度。

根据《民事诉讼法》的规定,可以引起民事诉讼终结的法定原因有以下几种:

(1) 原告死亡,没有继承人,或者继承人放弃诉讼权利的;
(2) 被告死亡,没有遗产,也没有应当承担义务的人的;
(3) 离婚案件中的一方当事人死亡的;
(4) 追索赡养费、扶养费、抚育费以及解除收养关系案件的一方当事人死亡的。

诉讼终结并没有解决案件的实体问题,因此以裁定的方式作出。诉讼终结裁定自裁定送达当事人之日起或宣布之日起发生法律效力,当事人不得上诉,也不得申请复议。根据一事不再理原则,对于被裁定终结诉讼的案件,当事人不得以同一事实和理由,就同一诉讼标的再行起诉,人民法院也不得再行受理此案。

(二) 简易程序

简易程序是基层人民法院及其派出法庭审理简单的民事案件所适用的一种独立的第一审诉讼程序。适用简易程序的条件为:

1. 受理案件的法院为基层人民法院和它派出的法庭;
2. 事实清楚、权利义务关系明确、争议不大的简单的民事案件。

根据《民事诉讼法》关于简易程序的规定,对简单的民事案件,原告可以口头起诉。

当事人双方可以同时到基层人民法院或者它派出的法庭,请求解决纠纷。基层人民法院或者它派出的法庭可以当即审理,也可以另定日期审理。基层人民法院和它派出的法庭审理简单的民事案件,可以用简便方式随时传唤当事人、证人。简单的民事案件由审判员一人独任审理,人民法院适用简易程序审理案件。

基层人民法院适用第一审普通程序审理的民事案件,当事人各方自愿选择适用简易程序,经人民法院同意的,可以适用简易程序进行审理。

3. 下列案件不适用简易程序

(1) 起诉时被告下落不明的。

(2) 发回重审的。

(3) 共同诉讼中一方或双方当事人人数众多的。

(4) 法律规定应适用特别程序、审判监督程序、督促程序、公示催告程序和企业法人破产还债程序的。

(5) 人民法院认为不宜适用简易程序审理的。

(三) 一审期限

1. 普通程序

人民法院适用普通程序审理的案件,应当在立案之日起 6 个月内审结。有特殊情况需要延长的,由本院院长批准,可以延长 6 个月;还需要延长的,报请上级人民法院批准。

2. 简易程序

人民法院适用简易程序审理案件,应当在立案之日起 3 个月内审结。

七、巩固练习

(一) 练习案例: 刘吉诉张宁、王江扬、天成保险有限责任公司交通事故损害赔偿纠纷

2009 年 3 月 20 日,张宁驾驶王江扬所有的小型轿车在石家庄市红旗大街与驾驶电动车行驶的刘吉相撞,将刘吉撞伤。张宁当即将刘吉送往医院,门诊检查、治疗花费 780 元。刘吉电动车损害,并休息 2 周。双方就误工费、精神损失费不能达成协议。刘吉诉至人民法院,要求张宁、王江扬、天成保险公司赔偿损失 13030 元。

原告提供证据如下。

1. 交通事故责任认定书

石家庄市公安交通事故管理局
道路交通事故认定书(简易程序)
第 号

事故时间	2009 年 3 月 20 日 10 时 50 分			天气	晴
事故地点	红旗大街华夏银行门前				
当事人	张宁	驾驶证或身份证号码	131×××××××××××××	联系电话	×××××××
交通方式	小轿车	机动车型号、牌号	天籁 EQ7230	保险凭证号	

续表

当事人	王江扬	驾驶证或身份证号码	132××××××× ××××××××	联系电话	××××××××
交通方式	电动自行车	机动车型号、牌号		保险凭证号	
当事人		驾驶证或身份证号码		联系电话	
交通方式		机动车型号、牌号		保险凭证号	
交通事故事实及责任	张宁驾驶苏A12345号小轿车在上述时间上述地点由南向北行驶至华夏银行门口右转时在人行道与驾驶电动自行车行驶的刘吉相撞。电动自行车受损,苏A12345号车损失不计。张宁负全部责任。 当事人刘吉、张宁、＿＿＿ 交通警察王永　　　　　　　　　　　2009年3月26日					
损害赔偿调解结果	张宁赔偿刘吉全部损失。 当事人刘吉、张宁、＿＿＿ 交通警察王永　　　　　　　　　　　2009年3月26日					

2．医院诊断书

门诊病历记录　　　　　第　　页

月	日	医院	科别	病史、诊断及处理
3	20	市医院	外	诉半小时前与汽车相撞,头晕,右脚外踝部位疼痛、肿胀,右小腿外侧擦伤淤血。既往体健,否认药物过敏史。
				查：脚踝肿胀
				脚部CT检查
				头部CT检查
				印象：外伤性挫伤、轻微脑震荡
				处置：小腿清创
				口服抗菌素
				休息2周,若有不适随时就诊
				王娜

3. 医院休息证明

证 明

患者：刘吉，因脚部外伤性挫伤需休息 2 周。

医师　刘娜
2009 年 3 月 20 日

4. 刘吉工作及收入情况证明

证 明

刘吉，1988 年 3 月 29 日出生，大专毕业，在我公司工作三年，任我公司销售经理，最近三年月收入 4800 元。

（单位公章）
2009 年 3 月 28 日

5. 电动车修理收据

收 据

单位　刘吉　　　　　　　　　　　　　　　　2009 年 3 月 27 日

品名	单位	数量	单价	金额							
				十	万	千	百	十	元	角	分
踏板	个	1	260								
脚蹬	个	1	40								
护板	个	1	180								
手工费			100								

合计人民币（大写）　伍佰捌拾元整

6. 保全费单据

石家庄市商业银行
代理业务缴费单

网点代码　　　　　　　　　　　　　　　　2009 年 4 月 3 日

缴费项目	保全费	缴费金额	RMB：50
缴费单位	刘吉	缴费方式	□ 现金　□ 转账
收费单位		流水号	
用户号码		操作员	
6550167678987654		备注	

事后监督：　　　复核：　　　经办：

被告张宁提供证据如下：
1. 保险合同（内容略）；
2. 为刘吉门诊、检查、药费、治疗单据（内容略），金额共计 780 元。

王江扬、天成保险公司未提供证据。

7. 原告起诉状

民事起诉状

原告：刘吉，男，1988 年 3 月 29 日出生，汉族，清木数码公司职工，现住石家庄市裕华西路×××小区 2-1-101。

被告：王江扬，男，1978 年 6 月 28 日出生，汉族，个体，住石家庄市新华区××庄园 3-1-1120。

被告：张宁，男，1981 年 9 月 30 日出生，汉族，个体，住石家庄市桥西区维明路××小区 6-1-302。

被告：天成保险有限责任公司石家庄分公司。

负责人：梁木。

诉 讼 请 求

1. 依法判令被告赔偿原告因交通事故所造成的误工费、修车费、保全费损失 3030 元。
2. 依法判令被告支付精神损失费 10000 元。
3. 诉讼费用由被告承担。

> **事实与理由**
> 2009年3月20日，被告张宁驾驶王江扬所有的苏A12345轿车在石家庄市红旗大街将驾驶电动车行驶的原告刘吉撞伤。经石家庄市交通管理局出具的《道路交通事故认定书》认定：张宁驾驶车辆右转时在人行道发生碰撞，导致刘吉受伤，对此次事故负全部责任。
> 事故发生后，原告电动车损坏，身体、精神均遭受较大损失，而被告不积极履行赔偿义务，双方就赔偿不能达成协议。为了维护原告的合法利益，特依法诉至贵院，希望法院支持原告的诉讼请求。
> 此致
> 桥西区人民法院
>
> 具状人：刘吉
> 2009年4月10日

8. 被告答辩

（1）被告张宁答辩要点

① 原告误工费要求数额过高，不符合法律规定。

② 原告精神损害赔偿没有法律依据。

（2）被告王江扬答辩要点

原告的损失并非被告王江扬所致，不应该由王江扬承担。

（3）被告保险公司答辩要点

① 误工费计算不符合法律要求。

② 精神损害赔偿不应由保险公司承担。

（二）练习任务

分组模拟庭审，由学生分别组成原告组、3个被告组和审判组，由审判组按照庭审程序组织审判，训练原被告当庭组织语言能力和法律运用能力。

1. 由原告律师组代理刘吉向人民法院起诉王江扬、张宁、天成保险有限责任公司石家庄分公司，确定诉讼请求事项，组织相关证据，对本案已撰写的起诉状进行评析，撰写质证意见、辩论提纲（代理思路），撰写代理词等。

2. 由各被告律师组代理应诉，组织答辩理由，查阅法律依据并制作答辩状、代理词和辩论提纲等文书。

3. 举证、质证：在审判组的主持下，由双方进行举证和质证。

4. 法庭辩论。

5. 审判组合议宣判。

（三）操作提示

1. 准备阶段

（1）审判组按照人民法院审判庭要求的必要设备布置模拟法庭。

(2) 书记员将法庭纪律的内容准备就绪,审判组成员将在法庭宣读的有关当事人诉讼权利、义务的有关法律条文及开庭提纲准备好。

2. 开庭审理阶段

(1) 书记员宣布开庭

(2) 法庭调查

① 由刘吉宣读起诉状,张宁、王江扬、天成保险公司先后宣读答辩状。

② 由审判长宣布法庭调查重点,而后征求双方当事人的意见。

③ 审判长宣布法庭调查开始,按已确定的调查重点顺序逐个调查。

④ 第一轮举证、质证,由刘吉出示证据,张宁、王江扬、天成保险公司先后进行质证,再由张宁出示证据,刘吉、王江扬、天成保险公司进行质证。

(3) 法庭辩论

其顺序为:张宁及其诉讼代理人发言,王江扬及其诉讼代理人发言,天成保险及其诉讼代理人发言,互相辩论。

3. 合议宣判

(1) 审判组学生对已经开庭审理的案件进行合议,书记员做好合议笔录。

(2) 审判组学生起草民事判决书。

(3) 进行宣判,告知当事人的上诉权利。

(4) 制作宣判笔录。

(5) 当事人在送达回证上签字。

实训案例六 刘辉与四方公司商品房买卖合同纠纷

一、案情介绍

（一）原审判决书

石家庄市××区人民法院
民事判决书

(2004)×法民一初字第 00006 号

原告刘辉,男,汉族,1971 年 7 月日生,住石家庄市新华区靶场街 3 号

被告四方公司,住址石家庄市路北区康乐街 6 号

法定代表人:沈四平

…………

原告刘辉诉称,2003 年 3 月 26 日与被告四方公司签订了一份《商品房买卖合同》,合同约定:被告将四方大厦 14 层 3 号房以 30 万元的价格出卖给原告,并于双方签订合同生效之日起 30 天内由出卖人向石家庄市房管局申请登记备案,且被告应在 2003 年 9 月 30 日前将商品房交付给原告。合同签订后原告已付房款 185000 元。被告不仅不按时交房,而且还恶意将该房卖给第三人陈锦玲,并将与陈锦玲签订的《商品房买卖合同》在房管局备案。这种"一房二卖"的行为属于恶意违约,导致原告购房目的不能实现,故要求:1.解除《商品房买卖合同》,返还原告已付购房款 185000 元及利息 2572 元;2.被告赔偿原告经济损失 185000 元;3.一审诉讼费由被告承担。

被告四方公司辩称,由于公司销售人员失误,误将已卖给原告刘辉的商品房又与陈锦玲签订了《商品房买卖合同》,我公司发现工作失误后积极采取补救措施:先是与陈锦玲解除了《商品房买卖合同》,后又到房管局要求撤回已备案的与陈锦玲签订的购房合同,因该购房合同已被法院裁定为被保全的证据,故没有撤回。在原告补足房款后,其购房目的能够实现。

经审理查明,原告刘辉 2003 年 3 月 26 日与被告四方公司签订了一份《商品房买卖合同》,合同约定:被告将四方大厦 14 层 3 号房以 30 万元的价格出卖给原告,合同生效之日起 30 天内由出卖人向石家庄市房管局申请登记备案,

被告应在 2003 年 9 月 30 日前将商品房交付给原告。合同签订后，原告交付房款 185000 元，被告给原告出具了交款收据。交房期满后，原告一直未与原告办理商品房交接手续。庭审中，被告提交与第三人陈锦玲解除四方大厦 14 层 3 号房的合同，要求原告继续履行合同。以上事实由双方当事人陈述、《商品房买卖合同》、交款单据等证据材料予以证实。

　　本院认为，被告在与原告订立合同后又将原告所购买的房屋出售给他人并在房管局备案的行为，属于严重违约，导致原告买房的目的不能实现，因此应解除双方之间的《商品房买卖合同》，由被告返还原告已付购房款 18 万元，并酌情赔偿原告 92500 元的损失为宜；被告赔偿的损失已包括原告购房款的利息损失，故原告所主张预付款利息损失本院不再支持。被告认为其将原告所购房产出售给他人是其公司内部管理不严造成的，现已与他人解除了购房合同，原告的购房目的可以实现要求继续履行合同，对此原告予以拒绝，且被告所述与第三人解除合同是否履行不能证实，故本院不予采信。依照最高人民法院《关于审理商品房买卖合同纠纷案件适用法律若干问题的解释》第 8 条的规定，判决如下：

　　一、解除双方之间的《商品房买卖合同》；
　　二、四方公司于本判决生效后 10 日内返还刘辉购房款 185000 元；
　　三、四方公司与本判决生效后 10 日内赔偿刘辉 92500 元的损失；
　　四、一审诉讼费 2864 元，其他诉讼费 1432 元，证据保全费 1000 元，共计 5296 元，由四方公司承担 3531 元，由刘辉承担 1765 元。

　　如不服本判决，可在判决书送达之日起 15 日内，向本院提交上诉状，并按对方当事人的人数提出副本，上诉于石家庄市中级人民法院。

审判长：×××
审判员：×××
人民陪审员：×××
二〇〇五年五月三十日
书记员：×××

（二）原告提交的证据

1.《商品房买卖合同》

商品房买卖合同（合同编号：_____）

合同双方当事人：
出卖人：四方公司　　注册地址：石家庄市路北区康乐街 6 号

营业执照注册号：13000021×××××
企业资质证书号：冀建房开石字第 448 号
法定代表人：沈四平　　　　　　　　联系电话：852×××××
邮政编码：050061
买受人：刘辉
地址：石家庄市新华区革新街 3 号　　电话：××××××××

根据《中华人民共和国合同法》、《中华人民共和国城市房地产管理法》及其他有关法律、法规之规定，买受人和出卖人在平等、自愿、协商一致的基础上就买卖商品房达成如下协议：

第一条　项目建设依据

出卖人以＿＿出让＿＿方式取得位于＿＿康乐街 6 号＿＿，编号为＿＿(2002)市土批字第 075 号＿＿的地块的土地使用权。【划拨土地使用权转让批准文件号】为＿＿市政转(2002)025 号＿＿。

该地块土地面积为＿＿2218.366 平方米＿＿，规划用途为＿＿商业＿＿，土地使用年限自＿＿2002＿＿年＿＿9＿＿月＿＿26＿＿日至＿＿2042＿＿年＿＿6＿＿月＿＿26＿＿日。

出卖人经批准，在上述地块上建设商品房，【暂定名】＿＿四方大厦＿＿。建设工程规划许可证号为＿＿石建管字(2002)第 097 号＿＿，施工许可证号为＿＿130101S010580101＿＿。

第二条　商品房销售依据

买受人购买的商品房为【预售商品房】。预售商品房批准机关为＿＿石家庄房产管理局＿＿，商品房预售许可证号为＿＿第 243 号＿＿。

第三条　买受人所购商品房的基本情况

买受人购买的商品房（以下简称该商品房，其房屋平面图见本合同附件一，房号以附件一上表示为准）为本合同第一条规定的项目中的：第＿＿A＿＿【幢】＿＿14＿＿层＿＿3＿＿号房。

该商品房【合同约定】建筑面积共＿＿＿＿＿平方米，其中，套内建筑面积＿＿＿＿＿平方米，公共部位与公用房屋分摊建筑面积＿＿＿＿＿平方米（有关公共部位与公用房屋分摊建筑面积构成说明见附件二）。

……………

第六条　付款方式及期限

买受人按下列第 2 种方式付款：

1. 一次性付款
2. 分期付款

首期房款于 2003 年 5 月 8 日付 185000 元,计壹拾捌万五千元整,剩余房款与房屋竣工交钥匙时一次性付清壹拾壹万五千元整。
....

出卖人:四方房地产开发有限公司(印)　　　　　买受人:刘辉

2003 年 3 月 26 日

2. 付款收据

收据(代收款凭证)NO 0258468

入账日期 2003 年 6 月 1 日

交款单位:刘辉　　　　　　　　　　收款方式:现金
人民币:(大写)壹拾捌万五千元整　　185000 元
收款事由:预付房款　　　　　　　　(印章)

2003 年 6 月 1 日

(三)被告出示证据

1. 退房协议

退 房 协 议

甲方:四方公司

乙方:陈锦玲,女,35 岁,身份证号:13010419701123×××

甲乙双方经协商,本着自愿、公平的原则达成如下解除合同协议:

一、解除双方于 2003 年 10 月 25 日签订的四方大厦 14 层 3 号房的商品房买卖合同。

二、甲方退还乙方已付购房款并向乙方支付 3 万元损失补偿金。

三、本协议自双方签字盖章时生效,本协议一式三份,甲乙双方各执一份,房管局留存一份用于撤回备案。

甲方:四方公司　　　　　　　　　　　　　　　乙方:陈锦玲
2005 年 3 月 10 日　　　　　　　　　　　　　　2005 年 3 月 10 日

2. 房地产市场管理中心情况说明

> **情 况 说 明**
>
> 河北四方公司2004年12月份来我中心办理四方大厦14层3号商品房预售合同撤销本案手续,因石家庄市路北区人民法院(2004)路立保字第00025号民事裁定及协助执行要求,故我中心未能为其办理撤销备案手续。特此证明。
>
> 石家庄市房地产市场管理中心(印章)
>
> 2005年1月23日

二、实训任务

被告四方公司不服一审判决,决定上诉。
1. 审查一审法律文书,确定是否可以上诉;
2. 分析一审判决书,并对法院的观点进行评析;
3. 根据一审判决情况,结合案件事实确定上诉请求,说明上诉理由;
4. 制作上诉状、证据目录;
5. 向法院提起上诉;
6. 被上诉人制作答辩状。

三、操作指导

1. 审查一审判决书,分析是否可上诉

本案判决书是:石家庄市××区人民法院(2004)×民一初字第00006号,表明该案是经石家庄市××区基层人民法院审理的民事案件,(2004)××民一初字第00006号中的"初字"表明是第一审判决。因此,双方当事人只要在上诉期内提出上诉,就可进入二审程序。

2. 分析一审判决书,并对法院的观点进行评析

首先,分析最高人民法院《关于审理商品房买卖合同纠纷案件适用法律若干问题的解释》第8条的适用条件,然后,再分析一审判决对原告、被告证据的认定是否合法;对被告行为的认定是否合理合法;分析被告的抗辩理由是否成立;结合《合同法》和最高人民法院《关于审理商品房买卖合同纠纷案件适用法律若干问题的解释》分析第一审人民法院的法律适用情况。最后,分析一审判决是否遗漏诉讼事项。

3. 根据一审判决情况,结合案件事实确定上诉请求,说明上诉理由

分析一审判决与诉讼目标的差距,重新制定可行的诉讼策略,在审查一审判决有无实体错误和程序错误或瑕疵的情况下,先确定上诉请求,再根据上诉请求确定上诉理由。注意,在二审中人民法院只审理上诉人的上诉请求,对上诉状未提及的事项视为没有意见,不再审理。

上诉的目的是要实现上诉请求,所以,上诉理由一定要与上诉请求相一致、相匹配,决不能是单纯的为找错而找错。我们分析查找一审判决错误的目的是为实现上诉目的寻找合理的理由,如果这个"错误"是对上诉人有利的,就不应列为上诉的理由。

4. 制作上诉状,制作证据目录

根据本案的具体情况,以一审被告的身份制作格式正确、上诉请求明确具体、上诉理由翔实充分的上诉状。

(1) 上诉请求要逐条分项表述。

(2) 上诉理由也要从以下几个方面对一审判决进行层次分明、说理递进的表述:

① 事实认定方面存在的错误,包括对证据认定的错误和对法律关系确认的错误;

② 法律适用方面存在的错误,包括法律选择的错误和对法律适用理解的错误;

③ 程序方面的错误,诸如在回避、超审限、没有送达、没有开庭等方面的问题。

如有新的证据,可制作证据目录一并提交人民法院。

5. 被上诉人制作答辩状

原告的诉讼请求在一审中基本得到了人民法院的支持,如果接受这个判决结果不上诉的话,就要思考如何在被告上诉后的二审中继续一审中的优势,争取获得第二审人民法院的支持。首先,要分析一审判决对自己有利的内容中,事实认定和法律适用基本正确没有大问题的部分,对此,在答辩状要予以肯定并予以坚持;其次,对一审判决中事实认定和法律适用可能会出现问题的部分,要设计好应对策略以对抗上诉人。

根据本案的具体情况,以一审原告的身份制作格式正确、答辩请求明确具体、答辩理由翔实充分的答辩状。

四、分组操作

1. 教师根据班级人数将学生分为若干个实训组,各实训组再分为上诉方和被上诉方。

2. 要求上诉方制作上诉状,被上诉方制作答辩状,然后再交换角色反向练习。

3. 查阅与《合同法》和最高人民法院《关于审理商品房买卖合同纠纷案件适用法律若干问题的解释》等法律、法规,了解二审实务操作规范,并结合实训案例充分开展实务操作,逐项完成实训任务。

4. 教师在必要时给予提示、指导或帮助。

五、评议考核

分组操作环节完成后,由各组汇报本组操作过程和任务完成情况,并作出自我评价;教师组织各组互相评议,取长补短;最后教师对各组的任务完成情况进行比较、点评、总结。

六、巩固练习

(一) 练习案例
1. 法院判决书

衡州市运河区人民法院
民事判决书

(2007)运民一初字第1265号

原告：韩秀兰，女，1950年4月13日出生，汉族，农民，住衡州市西张屯乡徐官屯村。

被告：衡州市运河区小孙庄小区管理委员会

被告：衡州市西张屯乡大河庄村委会

经审理查明，2005年衡州市小孙庄进行改造，由西塑房地产开发公司拆迁，其中涉及原告的房屋需进行拆迁，后为保证拆迁顺利及时进行，被告衡州市运河区小孙庄小区管理委员会于2005年8月19日给原告出具了承诺书，写明考虑到原告年岁已高，在大河庄村一区马路西侧争取协调解决宅基地一块(300平方米)左右，争取在2006年5月1日前协调解决，如果办不到，小区管委会负责赔偿原告损失一万元。同时，在该协议最后又写明补充意见，承诺如到期办不到，罚款两万元。被告衡州市西张屯乡大河庄村委会在协议最后签署了同意协调的意见。

另在2005年8月26日王贵荣作为衡州市运河区小孙庄小区管理委员会负责拆迁事务的主管人员，以个人名义给原告出具了同意韩秀兰在建房期间解决沙子、水泥、砖等建筑材料。协议签订后至今，双方就协调解决宅基地一事未果。

以上事实有原被告的庭审陈述及原告提供的协议予以证实。

本院认为，原告为被告与拆迁人达成的协议是双方的真实意思表示，被告应当履行，被告至今未能予以协调解决原告的宅基地。虽然承诺原规定的协调解决期间已过，但考虑到原告年事已高，且涉及原告切身利益问题的解决，同时根据相关法律规定及精神，可再另行给予一定期限，由原被告双方按原承诺履行，以解决此问题并利于化解矛盾。庭审中原告所提王贵荣所写解决建筑材料的承诺，属于王贵荣个人所写，且该协议上也并无二被告加盖公章和另行授权，被告在庭审中也未承认此协议，故对此本院不予支持。本案经调解无效，依照《民法通则》第4条之规定，判决如下：

一、二被告于本判决生效后两个月内与原告按原订协议协调解决宅基地一事。如未能解决，由被告衡州市运河区小孙庄小区管理委员会按照原承诺给予原告赔偿。

二、驳回原告要求二被告给予解决建筑材料的诉讼请求。

案件受理费500元，由原告承担150元，二被告各承担175元。

如不服本判决，可在判决书送达之日起十五日内向本院递交上诉状，并按照对方当事人人数提交副本，上诉于衢州市中级人民法院。

审判长：×××
审判员：×××
人民陪审员：×××
二〇〇七年十一月八日
书记员：×××

2. 原告提交的证据

（1）协议

协　议

考虑到我小区居民韩秀兰年岁已高，需要照顾，经韩秀兰多次要求，在大河庄村一区马路西侧争取协调解决宅基地一块（300平方米）。争取在2006年5月1日前协调解决。如果办不到，小区管委会负责赔偿韩秀兰损失壹万元。

此事由王贵荣、刘宝艳、张旭协调办理。

补充意见：如到期办不到，罚款两万元。

衢州市西张屯乡大河庄村委会　　衢州市运河区小孙庄小区管理委员会

2005年8月19日

（2）保证

保　证　书

同意韩秀兰在建房期间解决沙子、水泥、砖等建筑材料。

经办人：王贵荣
2005年8月26日

（二）练习任务

1. 认真审查一审判决，分析原告是否可以上诉。
2. 根据案情和一审判决，确定上诉请求和上诉理由。
3. 根据案情以原告代理人的身份撰写上诉状一份。

（三）操作提示

1. 程序方面，在上诉期限内，向第一审人民法院或直接向第二审人民法院递交上诉状和全部证据材料。查询第二审人民法院立案时间和合议庭组成。

2. 上诉状的撰写注意事项：应围绕一审的诉讼请求和证据进行撰写；认真分析一审判决正确与否；应分析一审中双方的举证和判决的事实认定和法律适用。

实训案例七　王爱国诉王爱民遗嘱继承纠纷

一、案情介绍

王爱国、王爱民系同胞兄弟，其父王长玉为某干休所离休干部，1994年8月房改时，王长玉购买了自己居住的5间军产房。该房位于本市大河区光荣里二号。1999年10月，王长玉去世。王爱国、王爱民二人因继承该5间房产而发生纠纷。王爱民抢先占据了房屋，并持公证遗嘱到房产登记部门办理了过户登记。王爱国则一纸诉状将王爱民告上法庭。一审时，原告王爱国主张该5间房屋其中两间应由自己继承，并就此提供了一份律师见证遗嘱，内容如下。

永平律师事务所见证书

兹对下列事实的真实性进行法律见证：

1997年2月1日王长玉在其住所大河区光荣里二号立下本遗嘱。该遗嘱由永平律师事务所律师李国庆、肖军作见证律师，由王丽娜、梁丽作在场见证人。遗嘱由王丽娜书写，并由李国庆律师向王长玉宣读，经王长玉确认无误后签字。

特此见证

×× 市永平律师事务所
一九九七年二月一日

附：遗嘱原件。

见证书所附遗嘱原件如下。

遗　嘱

本人王长玉，特立遗嘱如下：

一、本人共有两个儿子和一个女儿，大儿子王爱国，老二王爱民，女儿王爱琴，老伴儿早在1976年去世。

二、我在大河区光荣里二号老干部宿舍有5间房子,由于当时购买房子的时候,老二王爱民替我交了一部分购房款,所以,将来我去世后由老二王爱民继承3间,另外两间房由老大王爱国继承。

三、我将来去世后,部队所给的丧葬费和抚恤金等全部归我女儿王爱琴所有,女儿王爱琴负责把我的骨灰和我老伴儿合葬。

(向立遗嘱人宣读遗嘱内容)

问:以上遗嘱内容是你的真实意思吗?

答:是的。

问:你对这份遗嘱的内容还有要修改或补充的吗?

答:没有了。

遗嘱人签字:王长玉
见证律师签字:李国庆 肖军
在场见证人签字:王丽娜 梁丽
一九九七年二月一日

被告王爱民辩称,该5间房屋全部应由他自己继承,原告无权继承。并向人民法院提供了一份公证书和一份代书遗嘱作为证据。

公证书内容如下。

公 证 书

(95)×证民字第84号

兹证明王长玉(男,一九二四年六月初七日出生,现住××市大河区光荣里二号老干部宿舍)于一九九五年二月二十一日在其住所,在我面前,在其所立的遗嘱上的签名属实。

××省××市公证处
公证员:白福轩
一九九五年二月二十一日

(钢印)

被告王爱民称,由于办理房屋过户登记的需要,已将遗嘱交至房屋登记机关,因此向人民法院提交的是经房屋登记机关盖章确认的复印件。该遗嘱复印件如下。

遗 嘱

立遗嘱人:王长玉,男,一九二四年六月初七日出生,现住××市大河区光荣里二号老干部宿舍。

我共有3个子女，长子王爱国，次子王爱民，女儿王爱琴。我现在居住房屋5间，坐落于大河区光荣里二号老干部宿舍，使用面积128平方米。因国家进行房改，该房产由我二儿子王爱民出钱购买。在我有生之年，该房屋由我居住，我百年之后，该房屋由我二儿子王爱民继承，其他任何人不得干涉。

　　为防止发生纠纷，特立此遗嘱，望儿女们全面执行。

立遗嘱人签字：王长玉
1995年2月20日

本案经大河区人民法院一审终结，判决书摘要如下。

××省××市大河区人民法院
民事判决书

(2000)大民初字第493号

　　..........

　　原告诉称，原被告系同胞兄弟，1997年2月1日原被告的父亲王长玉立下遗嘱，将现有的5间房屋在兄弟二人之间进行了分配，被告继承3间，原告继承两间。该遗嘱经过了××市永平律师事务所的见证。1999年10月，王长玉去世后，被告却强行占据了全部5间房屋，并将该5间房屋全部过户到被告名下。原告找被告协商无果，诉至法院，请求法院依法裁判。

　　被告辩称，王长玉所有的大河区光荣里二号老干部宿舍5间房屋，在1994年8月房改时全部由被告出资购买。王长玉在1995年2月20日立下遗嘱，表明在其去世后，这5间房屋全部由被告继承，并对此遗嘱办理了公证，因此请求法院驳回原告的诉讼请求。

　　经审理查明，原被告系同胞兄弟，其父王长玉在本市大河区光荣里二号老干部宿舍有5间房屋，该房产是在1994年8月房改时由被告出资购买。王长玉在1995年2月20日和1997年2月1日分别立下两份内容不同的遗嘱，其中1995年2月20日所立的遗嘱经过了市公证处的公证，1997年2月1日所立的遗嘱经过永平律师事务所的见证。另查明，1999年10月14日，王长玉去世。

　　以上事实有市公证处(95)×证民字第84号公证书、永平律师事务所见证书予以证实。

　　本院认为，本案争议的焦点是王长玉老人所立两份遗嘱的效力问题。根据有关法律规定，遗嘱人可以撤销、变更自己所立的遗嘱。但是，自书、代书、录音、口头遗嘱不得撤销、变更公证遗嘱。王长玉于1995年2月20日所立的遗嘱

> 经过了市公证处的公证,此后,市公证处并未撤销该公证遗嘱。王长玉于1997年2月1日所立的遗嘱不得对抗公证遗嘱。故根据《中华人民共和国继承法》第20条、《最高人民法院关于贯彻执行〈中华人民共和国继承法〉若干问题的意见》第42条的规定,判决如下:
>
> 驳回原告的诉讼请求。
>
> 案件受理费300元由原告王爱国承担。
>
> 如不服本判决,可在判决书送达之日起15日内,向本院递交上诉状,并按照对方当事人的人数提供副本,上诉于××市中级人民法院。
>
> 审判长:王超
> 审判员:李琳
> 陪审员:贾蒙
> 二〇〇〇年十一月十二日
> 书记员 宋亚楠

原告王爱国不服一审判决,提起了上诉。上诉理由为:第一审人民法院认定事实不清,王爱民提供的遗嘱不符合法律规定的要件,不是合法有效的遗嘱,公证处不得予以公证;公证处所做的公证不是遗嘱公证,而是签名公证。此外,王长玉的女儿王爱琴证明,在她负责照顾王长玉期间(自1995年1月1日至1995年4月30日),公证处根本没有人去过王长玉的住处,更没有办理过什么遗嘱公证。

二、实训任务

1. 结合案情和证据审查原审判决,指出一审判决书存在的问题。
2. 根据案情需要组成审判组织审理该上诉案件,注意审理方式。
3. 针对上诉人的上诉请求和一审中存在的事实问题和法律问题,对案件作出处理,并制作二审裁判文书,要说明裁判理由和法律依据。

三、操作指导

1. 第一审人民法院认定涉案房产"是由被告出资购买"这一事实有无根据,根据是什么;第一审人民法院根据什么认定王长玉生前分别立下两份遗嘱;第一审人民法院认定1995年2月20日所立的遗嘱经过了市公证处的公证有无事实依据?

审查一审判决书时要注意结合案情和证据材料,注意审查每一份证据的合法性、关联性和真实性。参考《中华人民共和国继承法》的相关规定和《最高人民法院关于民事诉讼证据的若干规定》中关于采信证据的原则、证据证明力大小的规定及其他相关规定。

如《中华人民共和国继承法》第17条的规定,公证遗嘱由遗嘱人经公证机关办理。自书遗嘱由遗嘱人亲笔书写,签名,注明年、月、日。代书遗嘱应当有2个以上见证人在场见证,由其中一人代书,注明年、月、日,并由代书人、其他见证人和遗嘱人签名。以录音形式立的遗嘱,应当有2个以上见证人在场见证。遗嘱人在危急情况下,可以立口头遗嘱。口头遗嘱应当有2个以上见证人在场见证。危急情况解除后,遗嘱人能够用书面或者录音形式立遗嘱的,所立的口头遗嘱无效。

根据《最高人民法院关于民事诉讼证据的若干规定》第69条的规定,下列证据不能单独作为认定案件事实的依据:

(1) 未成年人所作的与其年龄和智力状况不相当的证言;

(2) 与一方当事人或者其代理人有利害关系的证人出具的证言;

(3) 存有疑点的视听资料;

(4) 无法与原件、原物核对的复印件、复制品;

(5) 无正当理由未出庭作证的证人证言。

根据《最高人民法院关于民事诉讼证据的若干规定》第77条的规定,人民法院就数个证据对同一事实的证明力,可以依照下列原则认定:

(1) 国家机关、社会团体依职权制作的公文书证的证明力一般大于其他书证;

(2) 物证、档案、鉴定结论、勘验笔录或者经过公证、登记的书证,其证明力一般大于其他书证、视听资料和证人证言;

(3) 原始证据的证明力一般大于传来证据;

(4) 直接证据的证明力一般大于间接证据;

(5) 证人提供的对与其有亲属或者其他密切关系的当事人有利的证言,其证明力一般小于其他证人证言。

2. 注意第二审审判组织与第一审审判组织在成员要求上的不同,主要是关于陪审员的问题;注意二审审理方式的选择及其强制性规定,何种情况可以径行裁判,何种情景则必须开庭审理。

3. 首先要针对上诉人的上诉请求和理由审查第一审判决,除了上诉人提出的上诉理由之外,对一审中存在的其他有可能影响公正判决的问题也要审查,如证据的认定与采信问题等。并可据此作出相应的处理结果,注意针对不同的处理结果适用不同的裁判文书。

四、分组操作

1. 教师根据班级人数将学生分为若干个实训组。

2. 各实训组以第二审人民法院的角色审查案件材料,重点是一审判决书的事实认定和法律适用情况。

3. 查阅相关法律法规,了解二审处理的规定及实务操作规范,并结合实训案例充分开展实务操作,逐项完成实训任务。

4. 教师在必要时给予提示、指导或帮助。

五、评议考核

分组操作环节完成后,由各组汇报本组操作过程和任务完成情况,并作出自我评价;教师组织各组互相评议,取长补短;最后教师对各组的二审裁判文书进行比较、点评、总结,重点点评裁判理由和法律依据部分。

六、巩固练习

(一)练习案例:王路生诉隆昊房地产开发公司房屋买卖合同纠纷

王路生与隆昊房地产开发公司因购房合同发生争议,王路生向第一审人民法院提起诉讼,起诉状如下。

民事起诉状

原告:王路生,男,41岁,汉族,住址:×××××× 电话:×××××××

被告:隆昊房地产开发公司,地址:×××××× 电话:×××××××

法定代表人:刘淑敏 职务:董事长 电话:×××××××

诉 讼 请 求

1. 解除合同;
2. 被告返还原告购房款14万元及利息3万元;
3. 被告赔偿原告经济损失8.2万元;
4. 一切诉讼费用由被告承担。

事 实 与 理 由

2006年8月我与被告签订了房屋预售合同,并一次性交付了房款14万元。房屋预售合同中约定的交房最后期限为2007年7月30日,被告至今未能交付验收合格的房屋。合同中明确约定"逾期交房超过60日后,买受人有权解除合同"。现在早已超过了60日,该房屋至今未进行综合验收,完全不具备交房条件,也不能办理产权证。另据《合同法》第94条的规定,当事人一方迟延履行债务或者有其他违约行为致使不能实现合同目的,当事人有权解除合同。根据上述约定和法律规定,请求法院解除我与被告之间的购房合同,并判令被告返还我购房款14万元及利息3万元整。

《合同法》第113条的规定,当事人一方不履行合同义务或者履行合同义务不符合约定,给对方造成损失的,损失赔偿额应当相当于因违约所造成的损失,包括合同履行后可以获得的利益。本合同所购房屋当时价格为2200多元/平方米,而现在同档次、同地段的房屋售价平均都在3500多元/平方米,每平方米增加了1300多元。如果被告如期交房,原告自然可以获得此项利益。但是,由于被告未能如期交付合格的房屋,使得原告损失此项利益 8.2 万多元。根据《合同法》的规定,原告的此项利益损失理应由被告承担。

  本纠纷完全是因被告的违约行为而引起的,因此,一切诉讼费用应由被告承担。

  此致

××市××区人民法院

原告:王路生
2010 年 1 月 9 日

附:1. 本诉状副本 1 份;
  2. 购房合同 1 份;
  3. 交款发票 1 份;
  4. 同地段房屋现在售价证明 1 份;
  5. ××房地产公司售楼广告 1 份。

被告以"解除权"已过除斥期间为由进行了答辩,并对原告提出的 8.2 万元经济损失不予认可,其理由是,证明房屋差价的证据一份是房屋中介公司出具证明,另一份是其他房地产公司的售楼广告。这些证据不足以证明同一地段的房屋现价。

法院通过审理,作出以下一审判决。

××市××区人民法院
民事判决书

(2010)×民初字第××号

原告:王路生,地址:××××××　电话:××××××××
被告:隆昊房地产开发公司,地址:××××××　电话:××××××××
法定代表人:刘淑敏　职务:董事长　电话:××××××××

  原告王路生与隆昊房地产开发公司购房合同纠纷一案,本院受理后,依法组成合议庭,公开开庭进行了审理。原告王路生和被告法定代表人刘淑敏到庭参加诉讼。本案现已审理终结。

  原告诉称……

  被告辩称……

  经审理查明……

  本院认为被告逾期交房至今,依据合同的约定,原告有权解除合同。对此被告辩称是因不可抗力所致,本院认为证据不充分。因此,原告解除合同的请求,本院予以支持。据合同第 9 条"原告解除合同的,被告应当自原告解除合同通知到达之日起60天内退还全部已付款，"及《合同法》第97条规定"合同解除后尚未执行的，中止履行；已经履行的，根据履行情况和合同性质，当事人可要求恢复原状；采取补救措施，并有权要求赔偿损失。"本案中原告已向被告支付购房款14万元，且如上述，本院已支持原告要求解除合同的请求，所以原告有权要求被告返还已付购房款。关于原告要求赔偿经济损失8.2万元的请求，《合同法》第113条规定："当事人一方不履行合同义务或履行合同义务不符合约定，给对方造成损失的，损失赔偿额应当相当于因违约所造成的损失，包括合同履行后可以获得的利益。但不得超过违反合同一方订立合同时预见到或者应当预见到的因违反合同可能造成的损失。"本院认为：根据此条规定，除有违约行为外，支持可得利益的请求还须至少符合可得利益于签订合同时即可预期并被违约方所预见这两个条件。从原告提供的损失计算方法可知，本案中原告主张的经济损失8.2万元是因为同地段的房屋升值而计算的房屋差价，属于双方的"商品房买卖合同"履行后的可得利益，但由于本案合同的主体是排除第三方的买卖双方，合同的标的是商品房，其价格只能由市场调节，而任何由市场调节的商品的将来价格均存在上升或下降两种趋势，因此在签订合同时双方当事人任一方预见到可得利益都是不现实的，"可得利益"也可能是"可得损失"。原告以当前的价格上涨带来的利益作为签订合同时其预见到的并被被告预见到的可得利益是对《合同法》的误读，原告所提供的证据并不能证明其主张的上述可得利益在合同签订时可预期并被被告所预见，故本院对原告要求被告赔偿经济损失8.2万元的请求不予支持。

综上意见，根据合同法第60条，第93条，第97条规定，本院判决如下：
一、原告与被告签订的商品房买卖合同解除；
二、被告应当于本判决生效之日起十日内返还原告已付购房款14万元；
三、本案诉讼费6695元由原告承担2008.5元，被告承担4686.5元。
四、驳回原告其他诉讼请求。

如不服本判决，可在判决书送达之日起15日内，向本院递交上诉状，并按对方当事人的人数提出副本，上诉于××市中级人民法院。

审判长　陈　红
审判员　王一宁
审判员　张　倩
二〇一〇年××月××日
书记员　马树生

对此判决，原告不服，提出上诉，要求：第一，撤销原审判决；第二，要求人民法院支持自己一审所有诉讼请求。理由是，原审事实认定不清、适用法律错误、遗漏请求事项、审判人员有受贿行为等。上诉人和被上诉人都没有提交新的证据。

(二) 练习任务

1. 分析一审起诉状和判决书,并对第一审人民法院的观点进行评析。
2. 根据一审判决情况,结合案件事实确定二审采取的处理方式。
3. 针对上诉人的上诉请求,制作二审裁判文书,充分说明裁判理由和法律依据。

(三) 操作提示

1. 分析一审判决是否遗漏诉讼事项,第一审人民法院遗漏诉讼请求事项的,第二审人民法院应当如何处理;分析第一审判决书对"可得利益"损失的认定是否合理合法;分析一审判决对法律的适用是否有误,结合《合同法》和《最高人民法院关于审理商品房买卖合同纠纷案件适用法律若干问题的解释》分析第一审人民法院的法律适用情况。

2. 根据《民事诉讼法》第152条的规定,第二审人民法院对上诉案件,应当组成合议庭,开庭审理。经过阅卷和调查,询问当事人,在事实核对清楚后,合议庭认为不需要开庭审理的,也可以径行判决、裁定。第二审人民法院审理上诉案件,可以在本院进行,也可以到案件发生地或者原审人民法院所在地进行。

根据《最高人民法院〈关于适用中华人民共和国民事诉讼法〉若干问题的意见》第188条的规定,可以径行判决、裁定的案件有:

(1) 一审就不予受理、驳回起诉和管辖权异议作出裁定的案件;
(2) 当事人提出的上诉请求明显不能成立的案件;
(3) 原审裁判认定事实清楚,但适用法律错误的案件;
(4) 原判决违反法定程序,可能影响案件正确判决,需要发回重审的案件。

注意,在二审中如果有新证据出现的,必须开庭审理。

结合上诉人的上诉理由和相关证据,分析一审审判人员是否有受贿行为。根据上诉案件的具体情况,正确适用裁判文书,作出正确的处理。

3. 注意判决、裁定、决定以及调解书的适用。

实训案例八　王安军诉刘传祥合伙协议纠纷

一、案情介绍

王安军,男,41岁,现住惠阳市海福区永祥花园小区21号楼4实训项目101,任本市某职业技术学院党办副主任,2006年5月,该职业技术学院新校区落成,学院搬迁事宜由王安军负责。在一切设施及人员搬迁完毕时,仍由王安军继续负责新校区一切后勤总务事宜。刘传祥,男,36岁,现住惠阳市海福区师大宿舍9号楼1实训项目501。刘传祥长期在本市金正电子城经营电脑及其他电子产品。2006年10月刘传祥与王安军在朋友聚会时相识,两人一见如故,相互了解之后,刘传祥提出与王安军合伙在职业技术学院新校区内开设一个网吧。于是双方各出4万元在该学院内开设了"烽火网吧"。后来,由于学院电子图书馆的开放致使烽火网吧经营难以为继,2009年7月1日双方协商解除合伙关系,关闭烽火网吧,一切网吧设备归刘传祥所有,刘传祥返还王安军投资款3.5万元,从此双方各不相欠。但当时刘传祥以手头无现金为由只给了王安军5000元,剩余的3万元迟迟不予支付,并因此两人反目。王安军无奈于2009年8月初将刘传祥告上法庭。法院适用简易程序审理了该案,并于2009年9月11日作出(2009)海民初字第125号民事判决书,判决刘传祥给付王安军欠款3万元及利息,承担案件受理费550元。判决作出后,一直到9月28日,刘传祥没有上诉,也没有履行判决内容。现王安军欲申请强制执行。

二、实训任务

1. 分析该案一审判决书是否符合申请执行的条件。
2. 调查被申请人的财产情况。
3. 确定申请事项、组织申请理由。
4. 撰写执行申请书。
5. 向人民法院提起执行申请。

三、操作指导

1. 结合申请执行的条件,确定本案是否能向人民法院申请执行。
2. 通过各种方法和途径调查被申请人的财产。
3. 组织、确定申请人民法院执行的内容、理由,撰写执行申请书。

4. 办理执行申请手续。

四、分组操作

1. 根据班级人数和实训目标的需要,将学生分为若干个实训小组。

2. 要求每个小组独立完成实训任务,自行收集、查阅执行相关的法律、法规、司法解释等,了解执行实务操作规范,并结合实训案例充分开展实务操作。

3. 教师在必要时给予提示、指导或帮助。主要是让学生独立操作完成实训任务,通过亲身参与案件办理的方式,使学生能够更直接、更感性的来获得技能训练。

五、评议考核

分组操作环节完成后,由各组汇报本组操作过程和任务完成情况,并作出自我评价;教师组织各组互相评议,取长补短;最后教师对各组的任务完成情况进行比较、点评、总结。

六、巩固练习

(一)练习案例:赵女士诉李先生人身损害赔偿纠纷

2009年8月23日下午6时许,赵女士下班回家,李先生带饲养的藏獒狗在路边休息。藏獒突然蹿出向赵女士扑去,并将其扯倒,导致赵女士受伤。后被家人送往医院治疗,赵女士的伤情经诊断为:外伤性脾破裂;全身多处犬咬伤。赵女士身体损伤程度经北京华夏物证鉴定中心鉴定为八级伤残。赵女士向藏獒主人李先生提出赔偿请求,要求赔偿医疗费、误工费、残疾赔偿金和精神损害赔偿共计25万元。但藏獒主人不同意赔偿数额,双方经多次交涉,也未达成协议,赵女士将其诉至人民法院,要求李先生给付医疗费、误工费、残疾赔偿金、后续治疗费、精神损失费等共计25万元。

人民法院经审理认为,饲养的动物造成他人损害的,动物饲养人或者管理人应当承担民事责任。原告在路上行走,被被告饲养的藏獒狗咬伤,原告因此造成的损失,被告应负赔偿责任。原告要求被告赔偿医疗费、误工费、住院伙食补助费、残疾赔偿金、鉴定费的请求,于法有据,法院予以支持;被告饲养的狗将原告咬伤,并造成终身残疾,势必给原告造成精神痛苦,故被告应当给付原告适当的精神抚慰金。综上,法院作出判决,藏獒的主人李先生赔偿赵女士医疗费、残疾赔偿金、精神损失费共计203862元。

藏獒主人李先生接到一审判决书后,未提出上诉,但也不履行判决书内容,未给付赵女士任何费用。赵女士向人民法院提出了执行申请。

(二)练习任务

1. 审查案件是否符合申请执行的条件,调查被申请人的财产状况。
2. 撰写执行申请书。
3. 向人民法院提起执行申请。

（三）操作提示

1. 审查判决书的效力，必须是发生法律效力的判决。
2. 申请事项应具体、明确、全面。
3. 执行申请书的格式及内容参照法律文书中关于执行申请书的格式。

实训案例九　张金兰诉孙文悦房屋买卖合同纠纷

一、案情介绍

蓝海市永安区人民法院一审认定：张金兰与孙文悦均系本区居民。2004年6月15日，孙文悦代张金兰与昆鹏房地产公司签订房屋预售合约一份。该预售合约买方为张金兰，卖方为昆鹏房地产公司，在预售合约买方处的签名有孙文悦的印章。宋丽代表卖方昆鹏房地产公司签名并加盖了昆鹏房地产公司的合同专用章。该合同载明：昆鹏房地产公司预售给买方瑞士风情园19号楼1104号房屋一套，建筑面积为100平方米，房价每平方米8000元，总价款80万元。随后，孙文悦将上述合同（复印件）交与张金兰，张金兰按该合同约定的价款，于2004年7月13日将80万元汇至孙文悦的银行账户。而孙文悦收取上述款项后，却以每平方米6000元的价格支付给昆鹏房地产公司。2008年4月，张金兰获悉孙文悦为其代理购房的购房价款是每平方米6000元后，同年7月10日亲自与昆鹏房地产公司重新签订了商品房销售合同。该合同载明：张金兰购买瑞士风情园19号楼1104号房屋，建筑面积100平方米，房款售价每平方米6000元，总价款人民币60万元。随后张金兰依据该合同取得了所购房屋的产权。关于孙文悦多收的款项，张金兰多次与孙文悦交涉未果，遂于2008年11月诉至法院。

另查明：孙文悦在代理张金兰与昆鹏房地产公司签订预售房屋合同的同时，另以自己的名义与昆鹏房地产公司签订房屋预售合同一份，约定出售的房屋同样是瑞士风情园19号楼1104号，但房价为每平方米6000元，总价款为人民币60万元。在2008年7月10日，即张金兰亲自与昆鹏房地产公司签订商品房销售合同的同时，孙文悦又通过宋丽与昆鹏房地产公司签订商品房销售合同一份，所购房屋与张金兰一致，并将签约日期倒签为2007年9月20日。

又查明：张金兰与孙文悦为购房价款发生纠纷期间，孙文悦于2008年10月19日曾委托其代理人向张金兰发律师函一份，该函内容："本律师受孙文悦委托，就阁下（指原告）无端诋毁孙文悦女士名誉一事致函如下：据了解，阁下曾委托孙文悦女士代为购买昆鹏房地产公司开发的瑞士风情花园住房一套100平方米，有关价格等都是阁下事先和昆鹏房地产公司商定的……"

以上事实，有孙文悦代理张金兰与昆鹏房地产公司签订的房屋预售合同、孙文悦与昆鹏房地产公司签订的房屋预售合同及商品房销售合同、张金兰与昆鹏房地产公司签订的商品房销售合同、张金兰汇款凭证、孙文悦购房款结算字据、昆鹏房地产公司收款凭证、孙文悦代理人的律师函，当事人及宋丽的询问笔录、庭审笔录等在卷为证。

永安区人民法院一审认为：依据张金兰、孙文悦分别与昆鹏房地产公司数次签订的房屋预售合同、商品房销售合同、孙文悦出具的房款结算字据、孙文悦委托代理人的律师函有关内容,张金兰诉称与孙文悦为代理购房关系的事实应予确认。孙文悦在为张金兰代购房过程中,多收取张金兰房款人民币20万元的事实清楚。孙文悦对该款的取得无合法依据,应当返还张金兰。昆鹏房地产公司虽未多收张金兰房款,但对张金兰所造成的经济损失存在过错,对此,应承担连带责任。宋丽系昆鹏房地产公司工作人员,其在昆鹏房地产公司工作期间代表昆鹏房地产公司分别与张金兰、孙文悦签订合同的行为,应认定为公司行为,故对张金兰的赔偿与其无关。张金兰要求支付利息损失之请求,因原被告纠纷期间,双方的债权、债务关系不明确,故不予支持。孙文悦辩称与张金兰系房屋转卖关系,证据不足,不予采纳。依照《中华人民共和国民法通则》第43条、第106条第2款、第117条第1款之规定,判决:一、孙文悦返还张金兰人民币20万元;该款于本判决生效之日起10日内付清;二、昆鹏房地产公司对孙文悦上述返还款项承担连带责任;三、驳回张金兰其他诉讼请求。

宣判后,张金兰不服,向蓝海市中院提出上诉。张金兰上诉称:孙文悦未经上诉人的同意与昆鹏房地产公司擅自签订假合同,并多收取上诉人房款,客观上损害了上诉人的合法权益,应当赔偿上诉人的经济损失,即多收房款的利息46000元。

市中院二审查明的事实与原一审查明的事实一致。

市中院二审认为:孙文悦与昆鹏房地产公司签订房屋预售合同的同时以张金兰的名义与昆鹏房地产公司签订同样的房屋预售合同,将自己所预购房屋以昆鹏房地产公司名义加价卖于张金兰,现孙文悦未能提供证据证明张金兰明知加价而同意购买,该行为存在欺诈,应认定无效;现张金兰与昆鹏房地产公司已签订商品房销售合同并已申领了房屋所有权证,故孙文悦收取张金兰的房款,除已交昆鹏房地产公司以外的部分,应返还给张金兰;上诉人孙文悦以双方存在商品房转卖关系为由,不同意返还差价款,无事实与法律依据,本院不予支持。上诉人张金兰在购房过程中与孙文悦约定不明,对纠纷的产生亦有过错,故其上诉要求孙文悦赔偿其差价款的利息损失,本院不予支持。原审法院所作判决,符合本案实际及国家法律。依照《中华人民共和国民事诉讼法》第153条第1款第(1)项之规定,判决:驳回上诉,维持原判。二审案件受理费由原、被告各半负担。

张金兰不服中院的终审判决,欲提起再审申请。

二、实训任务

以张金兰的委托代理人身份审查一审、二审判决内容及其事实认定和法律适用等情况,确定申请再审请求和理由,撰写再审申请书。要求请求事项正确、理由充分、有理有据、逻辑性强、格式正确。

三、操作指导

分析一审、二审判决中对张金兰与孙文悦债权、债务关系的认定以及关于张金兰过错的认定是否存在事实上和法律上的错误;分析本案争议焦点,针对焦点问题结合《民事诉讼法》第179条的规定以及《最高人民法院关于适用〈中华人民共和国民事诉讼法〉审判监督程序若干问题的解释》的相关规定,撰写再审申请书,注意再审的请求及其事实与理由。

四、分组操作

1. 教师根据班级人数将学生分为两两相对的申请组合审查组。
2. 所有的申请组合审查组首先查询《民事诉讼法》和最高人民法院印发《关于受理审查民事申请再审案件的若干意见》的通知、最高人民法院关于规范人民法院再审立案的若干意见(试行)、《最高人民法院关于适用〈中华人民共和国民事诉讼法〉审判监督程序若干问题的解释》等相关法律文件,认真学习,掌握申请再审的相关规定。
3. 申请组结合法律规定和实训指导内容分析案例材料,理出再审请求事项、申请理由等。撰写再审申请书,组织相关证据材料及原审判决书,形成完整的申请材料。
4. 审查组以人民法院的角色审查申请组的申请材料,判断是否符合申请要求,需要修改或补充哪些信息或材料,并书面通知申请组完善。
5. 教师在必要时给予提示、指导或帮助。

五、评议考核

分组操作环节完成后,由各组汇报本组操作过程和任务完成情况,并作出自我评价;教师组织各组互相评议,取长补短;最后教师对各组的任务完成情况进行比较、点评、总结。

六、巩固练习

(一)练习案例:张某诉王某交通事故损害赔偿纠纷

2000年9月5日,某部队战士王某,将空军司令部科研部停放的一辆桑塔纳轿车,偷开出部队营区,当其无证驾车到京西路口闯红灯时,恰遇张某驾驶夏利车通过,结果两车相撞,张某受伤,车损坏,王某弃车逃逸。张某被送到北京铁路医院,两次手术,费用约6万元,被评定伤残等级8级,张某因此将王某及其单位诉至法院。

第一审人民法院经审理认为,交通事故责任者对交通事故所造成的损失,应承担赔偿责任。因某部队对王某负有管理的职责,科研部作为机动车的所有人对其车辆亦有保管的义务,根据国务院颁布的《道路交通事故处理办法》第31条的规定,两单位均应承担赔偿责任。故判决,某部队、科研部及王某赔偿张某医疗费、伤残补助费、住院护理费、营养费等共计人民币13万元。一审判决后,某部队和科研处均提出上诉。

第二审人民法院经审理认为:交通事故责任者王某应承担赔偿责任,但王某尚无赔偿能力,应由其所在部队及机动车所有人科研部对张某的经济损失先行偿付,然后可向王某追偿,故判决王某赔偿张某医疗费、伤残补助费、住院护理费、营养费等共计人民币13万元,由某部队、科研部负连带赔偿责任。

二审判决后,某部队和科研部向上级人民法院提出再审申请,法院经审查认为,原第一审人民法院、第二审人民法院对所使用的《道路交通事故处理办法》第31条的理解有误,对该案的理解不符合立法本意,科研部不应承担赔偿责任,两单位的再审申请符合法律规定的条件,因此,裁定指令第二审人民法院对本案进行再审。

(二) 练习任务

1. 研究、分析一审、二审判决中某部队和科研部是否符合申请再审的条件;对于其责任的认定,是否正确,一审、二审中对法律依据的理解适用是否准确,存在哪些问题。

2. 撰写再审申请书,明确再审的请求和事实与理由。

3. 再审申请的提起和处理。

(三) 操作提示

以科研部的委托代理人身份审查一审、二审判决内容及其事实认定和法律适用等情况,确定申请再审请求和理由,撰写再审申请书。要求请求事项正确、理由充分、有理有据、逻辑性强、格式正确。本案中重点从对第一审人民法院、第二审人民法院所适用法律如何理解的角度分析。

实训案例十 孙艳诉刘志辉离婚后财产纠纷

一、案情介绍

刘志辉，男，汉族，1966年出生，任东阳市某房地产开发有限责任公司人力资源部经理。孙艳，女，汉族，1970年出生，某大学公共关系专业毕业后就职于本市某民办高校，后辞职下海经商。刘志辉与孙艳经朋友介绍相识，并于1994年5月10日结婚，婚后双方在本市桥西区依山花园小区购买138平方米房屋一套，居住至今。2003年购买捷达轿车一辆，由刘志辉上下班代步使用。

2004年10月刘志辉以无子女为由要求与孙艳离婚，孙艳不同意，刘志辉随后向东阳市桥西区人民法院提起离婚诉讼，2005年1月法院判决驳回离婚请求。刘志辉见起诉不成，便主动与孙艳协商，只要孙艳同意离婚，刘志辉愿意在经济上作出一切补偿。2005年4月4日刘志辉与孙艳达成以下离婚协议。

自愿离婚协议书

协议人：刘志辉：男，汉族，1966年出生，东阳市××房地产开发有限责任公司人力资源部经理，住本市桥西区依山花园小区14-4-301号。

协议人：孙艳，女，汉族，1970年出生，住本市桥西区依山花园小区14-4-301号。

协议双方本是夫妻关系，由于感情不和及其他原因，双方经协商一致达成如下离婚协议：

1. 所有夫妻共同财产归孙艳所有；
2. 刘志辉另外再支付孙艳10万元精神抚慰金。
3. 孙艳保证配合刘志辉一同办理离婚手续，解除双方的夫妻关系；不反悔、不纠缠。
4. 刘志辉保证将所有夫妻共同财产交付给孙艳，并办理相关财产的过户登记手续。
5. 本协议一式三份，协议人各持一份，婚姻登记机关备案一份，三份协议具有同等法律效力。
6. 本协议自双方签字时生效。

> 7. 本协议未尽事宜,双方可协议补充,补充内容与本协议具有同等法律效力。
>
> 双方无子女,不存在子女抚养问题。
>
> 协议人签字:刘志辉 孙艳
2005 年 4 月 4 日

注:上述协议的第 7 条中补充的内容"双方无子女,不存在子女抚养问题"是后来在婚姻登记机关,在登记员的提示下双方补充的内容。

2005 年 4 月 5 日双方持协议及相关证件到婚姻登记机关办理了离婚手续。返回途中两人又一起到永安路邮政储蓄所,刘志辉取款 10 万元交与孙艳,孙艳当即开户办卡将款存入。

但是,刘志辉此后并未将所有财产交付给孙艳,也未搬出依山花园小区 14-4-301 号住所。孙艳多次催促刘志辉交付财产并离开住所,刘志辉却迟迟不愿交付财产,也不离开住处。孙艳无奈欲起诉刘志辉。

二、分组操作

按照班级人数将学生分为若干实训组,每组又分为 3 个小组,分别为原告组、被告组和法院组。其中原告组应有原告 1 人和代理人 2 或 3 人;被告组应有被告 1 人和代理人 2 或 3 人;审判组应有审判员 3 人(其中一人担任审判长)和书记员 1 人。各实训组在教师的指导下独立完成各项实训任务,分别操作演练,最后由教师点评、比较、总结。

(一) 原告起诉

1. 实训任务

(1) 承办律师向原告了解案情,查看、整理原告已有证据,询问相关问题。

(2) 办理委托手续。

(3) 针对原告的诉讼目的,从事实角度及法律角度分析其胜诉概率及败诉风险。

(4) 根据原告的诉讼目的和具体案情确定诉讼请求和管辖法院。

(5) 撰写起诉状。

(6) 收集本案相关证据并编制证据目录。

(7) 办理起诉手续。

2. 操作提示

(1) 了解案情

① 了解孙艳和刘志辉结婚和离婚的具体时间,要查看结婚证书和离婚证书。实践中,当事人协议离婚时,婚姻登记机关通常并不收回结婚证书,而是在结婚证上加盖条型印章、注明"双方离婚,证件失效。××婚姻登记处"。注销的结婚证退还本人,同

时向当事人颁发离婚证,当事人在送达回证上签名,婚姻登记员向双方宣布:取得离婚证,解除夫妻关系。因此,虽然当事人已经离婚,但仍持有失效的结婚证书。

② 了解孙艳和刘志辉现有的夫妻共同财产有哪些,注意结合《中华人民共和国婚姻法》、《最高人民法院关于适用〈中华人民共和国婚姻法〉若干问题的解释(一)》、《最高人民法院关于适用〈中华人民共和国婚姻法〉若干问题的解释(二)》的相关规定区分夫妻共同财产和夫妻一方个人财产。

③ 分析孙艳与刘志辉签订的离婚协议的效力,查找《合同法》、《婚姻法》及其司法解释的相关规定;结合案情事实和法律规定分析涉案财产的归属。案情中表述"返回途中两人又一起到永安路邮政储蓄所,刘志辉取款10万元交与孙艳",分析刘志辉这一行为的性质及其法律效力。

④ 要了解当事人可提供哪些证据等,还有哪些证据需要调取或申请人民法院调取等。

(2) 办理委托手续

实践中多数律师是先办理了委托手续,再跟当事人分析案情等,即先收费后办事,以防当事人咨询后不办委托。对此类情况,律师事务所通常的做法是,单独提供法律咨询的要收取咨询费用,咨询后办理委托的,不再单独收取咨询费。

委托手续包括:接受委托的审批、委托合同的签订、代理费用的协商与缴纳、签发授权委托书、签发律师事务所函、根据需要开具证据调查函等。

(3) 分析其胜诉概率及败诉风险

根据现有的证据和可收集证据的情况结合相关法律规定向孙艳分析该案的胜诉概率和诉讼风险。实践中除了法律风险和证据风险(事实风险)之外,还可能存在法官、证人、对方当事人的道德风险等,但此类道德风险不在法律服务工作范围之内,不宜同当事人分析。

(4) 确定诉讼请求

确定诉讼请求时要注意财产请求和精神赔偿,结合《婚姻法》及其相关司法解释,结合《最高人民法院关于确定民事侵权精神损害赔偿责任若干问题的解释》的相关规定,确定孙艳是否可以请求精神损害赔偿;结合《婚姻法》及其相关司法解释,确定孙艳是否可以请求刘志辉搬离依山花园小区14-4-301号住所;再有就是诉讼费用的承担问题等。

(5) 撰写起诉状

起诉状的格式和各项内容要齐全,尤其是诉讼请求不能缺省,事实和理由部分应简明扼要,不必详细论述,以免过早暴露诉讼策略。落款签字应由孙艳亲笔签署并按手印。起诉状内容(略)。

(6) 收集本案相关证据并编制证据目录

首先应了解孙艳可以提供哪些证据材料,如结婚证、离婚证、房产证、车辆所有权证、离婚协议、银行存折、股权证明等。其次是了解还有哪些证据材料需要律师调取,如刘志辉持有的财产权利凭证等,刘志辉一般不会交出,只能由律师持调查函到相关财产登记部门调查登记情况等。最后还要了解哪些证据需要申请人民法院调取。

孙艳提供的证据材料,一般应由孙艳本人保存原件或原物,承办律师只留存复印件或复制件,以免不慎将原件或原物丢失后承担赔偿责任。向人民法院提交的证据材料一般也是复印件或复制件,只是在提交复印件或复制件时应出示原件或原物以便核对。

证据材料整理后要编制证据目录,证据材料目录应包括证据名称、性质、来源、数量、证明目的等项目。

(7) 办理起诉手续

向人民法院起诉时,除了提交起诉状等基本材料外,还应提交哪些文书和材料,是否需要提交取证申请书、证据保全申请、财产保全申请、先予执行申请等。注意不要忘了预交诉讼费。

(二) 法院立案

1. 实训任务

(1) 审查原告的起诉是否符合立案条件,应否受理;

(2) 本案案由及诉讼费用的确定;

(3) 人民法院决定受理后应做哪些工作。

2. 操作提示

(1) 审查原告的起诉是否符合立案条件,应否受理

各实训组中法院组同学根据原告组同学提交的实际材料进行审查,确定其提交的材料是否符合立案条件,从而决定是否受理。根据《民事诉讼法》第108条的规定,审理组同学首先应审查原告起诉书中所列原告是否有诉讼权利能力,是否与本案争议的财产等权益有直接利害关系;其次要看起诉书有没有列明明确的被告,是否写明被告的地址、联系方式等基本信息;三是要审查诉讼请求和事实、理由。具体到本案就是孙艳要刘志辉给付哪些财产、履行哪些行为等,要具体、明确,并且要说明基本事实和理由;最后是要审查本案是否属于本院管辖,办案不存在仲裁问题,重点审查级别管辖和地域管辖问题。审查孙艳与刘志辉争议的财产金额是否超过基层人民法院管辖的范围,被告住所是否在本辖区等。

此外,还要审查原告是否提交了相应的起诉状副本和基本证据材料。如果提交的材料有欠缺,应如何处理?

(2) 本案案由及诉讼费用的确定

本案案由的确定可查阅最高人民法院的《民事案件案由规定》。关于诉讼费用的收取,首先应初步计算孙艳的诉讼请求所涉及的财产数额,然后再根据国务院《诉讼费用交纳办法》的规定收取,部分争议财产数额不能确定的,等确定之后通知孙艳补缴费用。

(3) 文书的送达与申请的处理

人民法院决定受理后应向原被告送达的文书不尽相同,应注意区分。此外,还应注意当事人是否提交取证申请书或财产保全申请书等,申请符合条件的,应予批准并执行。

(三)被告应诉

1. 实训任务

(1) 承办律师向被告了解案情,查看、整理原告已有证据,询问相关问题。
(2) 办理委托手续并缴纳代理费。
(3) 去人民法院阅卷并复印原告证据及其他案卷材料。
(4) 收集整理本案相关证据。
(5) 撰写答辩状及其他法律文书。

2. 操作提示

(1) 全面了解情况

承办律师向被告了解案情,查看、整理原告已有证据,询问相关问题了解双方结婚和离婚的具体时间,了解现有的夫妻共同财产有哪些(参见原告起诉阶段相应的指导内容)。重点询问刘志辉,孙艳所请求的财产中是否有些项目属于个人财产。了解离婚协议的签订背景,分析其效力,研究当时签订协议的具体情况,是否有致使协议无效、部分无效或可撤销的情形等。最后,要了解刘志辉可提供哪些证据等,还有哪些证据需要调取或申请人民法院调取等。

(2) 办理委托手续并缴纳代理费

参见原告起诉阶段相应的指导内容。

(3) 去人民法院阅卷并复印原告证据及其他案卷材料

去人民法院查阅案卷,重点了解原告孙艳的举证情况。去人民法院阅卷之前应与主办法官联系好,避免空跑一趟,实践中大多数法院会将原告提交的证据材料送给被告一份,但对方当事人可能在举证期限内随时提交证据,因此,代理律师应在举证期限届满后再一次阅卷并复印相关材料。

(4) 收集整理本案相关证据

需要收集整理的证据包括:证明双方婚姻关系存续期间的证据,证明某项财产属于刘志辉个人的证据,证明某项财产属于第三人的证据,证明孙艳有过错的证据,证明离婚协议无效或部分无效或可撤销的证据,证明刘志辉离婚后生活困难的证据等。注意要在法定期限内向人民法院提交所有的证据,不能取得的证据应及时申请人民法院调查取证。

(5) 撰写答辩状及其他法律文书

答辩状的格式和各项内容要齐全,答辩意见部分应简明扼要,不必详细论述,以免过早暴露诉讼策略。落款签字应由刘志辉亲笔签署并按手印。同时要考虑是否应撰写其他法律文书,如调查证据申请书等。答辩状内容(略)。

(四)庭前准备工作

1. 原告组应明确孙艳一方的诉讼请求,如需要增加、变更诉讼请求,应当在举证期限届满前向人民法院提出;人民法院送达刘志辉的答辩状后,应仔细研究答辩状,明确了解双方争议的焦点,从而准备相应的对策。

2. 被告在接到应诉通知书和起诉状副本后,在答辩期内提交答辩状,也可以不提交答辩状,但一定要提交证据并确认自己的受送达人和送达详细地址、联系电话、邮政编码等。符合反诉条件的,还可以提出反诉。

3. 法院组应成立审判组织并应当告知当事人相应的诉讼权利;法院组应在法定期限内及时送达诉讼文书,如开庭传票、出庭作证通知书等。当事人申请调查收集相关证据、采取相应保全措施等符合规定的,应在开庭前完成相应的调查或保全工作。

(五)法庭调查

1. 实训任务

(1) 宣布开庭

书记员查明孙艳、刘志辉及其委托代理人是否到庭,宣布法庭纪律;审判长核对当事人,核对的顺序是孙艳、孙艳的律师、刘志辉、刘志辉的律师,核对的内容包括姓名、性别、年龄、民族、籍贯、工作单位、职业和住所;律师的出庭身份和代理权限等。核对完毕后告知当事人相关诉讼权利,重点是申请回避的权利。

(2) 法庭调查(庭审重点)

在审判长的主持下,首先由孙艳或其委托律师陈述事实或宣读起诉状,再由刘志辉或其委托的律师陈述答辩意见或宣读答辩状。然后由审判人员根据双方的陈述内容总结审理重点并征求双方意见,取得一致意见后,围绕审理重点展开调查,主要双方依次发表意见并出示相关证据,由对方质证。

首先由原告出示证据,被告质证,要一证一质。其次是被告出示证据,原告质证,同样是一证一质。最后由法庭出示调查的证据,原被告针对证据各自发表意见。

2. 操作提示

(1) 宣布开庭(略)

(2) 法庭调查

举证、质证是法庭调查的重点,也是学生训练的关键环节,实训中要反复训练;原告方、被告方以及人民法院调查的证据都应准备仿真道具,据实出示,训练重点在于各方发表举证说明或质证意见能力。

原告出示证据时应当依次说明证据序号、证据名称、证据来源、证明事项等。以结婚证为例,原告的举证说明为:"原告出示的第一份证据是孙艳和刘志辉的结婚证书,该结婚证书来源于东阳市桥西区民政局婚姻登记处,该结婚证书上载明的结婚日期为1994年5月10日,虽然该结婚证书已经失效,但仍然可以证明原告与被告的结婚时间是1994年5月10日"。

被告对于自己一方认可的证据可以承认。对于不认可或不完全认可的证据,可以从证据的客观性、关联性、合法性以及证明事项等方面进行质证或反驳。如原告出示了一篇刘志辉前不久写的日记,日记中记载了刘志辉有同性密友的相关内容。就此证据,刘志辉一方的质证意见可以如此表述:"被告对该篇日记的真实性(客观性)没有异议。但是,原被告已经离婚,不再具有夫妻关系,原告无权获知被告的日记内容,尤其是隐私日记。原告获取该证据的手段和途径涉嫌侵犯被告的隐私权,根据《最高人民法院关于民事诉讼证据的若干规定》第68条的规定,以侵害他人合法权益或者违反法律禁止性规定的方法取得的证据,不能作为认定案件事实的依据。因此,该篇日记不能作为认定案件事实的依据。此外,该日记的内容与本案争议的内容无关"。

法院组同学,尤其是担任审判长的同学注意掌控庭审秩序,防止举证、质证环节双方重复发表意见或发表与质证无关的内容,保证庭审秩序和程序的顺利进行。

(六)法庭辩论

1. 实训任务

(1) 原被告双方在法庭主持下围绕争议焦点展开辩论。

(2) 辩论结束后审判长提示双方作最后陈述。

(3) 核对庭审笔录。

2. 操作提示

(1) 法庭辩论

原被告双方应围绕离婚协议的效力、夫妻共同财产的范围、被告是否可以继续居住原有房屋等问题展开辩论。审判组同学(主要是审判长)注意掌控辩论秩序,一般以2或3轮为宜。任何一方有重复发言或发言与本案无关时,应及时制止。

(2) 最后陈述

最后陈述是原被告双方在庭审中发表自己意见的最后机会,最后陈述应简明扼要地向法庭表明自己一方的主张和意见。庭审结束后审判长提示双方律师在规定期限内提交完整的代理词,通常为5日左右。

(3) 核对庭审笔录

庭审后书记员应组织原被告双方当事人和代理律师查看庭审笔录并签字、按手印等。查看笔录时应仔细认真,发现笔录有误或有遗漏应要求书记员修改或补正,并由当事人在修改或补正处加按手印。另外,当事人应在每一页页码处加按手印,并在笔录最后签名、写明日期、加按手印。代理律师一般只签名、写明日期即可。

(七)调解与裁判

1. 实训任务

(1) 法庭调解

(2) 判决

2. 操作提示

(1) 审判组同学可在双方自愿的情况下进行法庭调解,调解达成协议的,应当制作调解书(注意调解书的格式)。调解书应当写明孙艳的诉讼请求、案件的事实和调解结果。审判人员、书记员要署名,加盖人民法院印章,最后由当事人孙艳和刘志辉签收。

(2) 如果调解不成,审理人员应根据庭审情况,结合庭审笔录和双方的代理词对案件事实认定和法律的适用进行合议,最终形成裁判意见,制作判决书。可以选择当庭宣判或择日宣判。

合议及宣判要依法定程序进行,不得简化。判决书在查明事实部分应将相关证据一一列举,并对证据的效力加以分析,明确是否采信并说明理由;判决书在判决部分应引用明确具体的法律条文,条文太多时应附于判决书之后。最后审判组同学将判决书送达双方当事人。

三、评议考核

整个案件操作完成之后,首先由各组学生自评以及各组之间互评,总结经验,找出不足,提出问题,并互相打分,该分数作为教师评定成绩的参考。指导教师根据各组在案件各个环节中的表现,有针对性的点评并作最后总结。点评时应指出各组的优点及存在问题,要具体到人,并给出实训成绩。

四、巩固练习

(一)练习案例:王红军诉税务局社会保险纠纷

王红军是未明县税务局的合同制职工,工龄已达15年之久。1994年省税务局、省财政局联合下发文件《关于各级工商管理局合同制工人工资制度改革实施办法的通知》,该通知要求对税务局聘用的合同制工人的工资待遇参照全额拨款的事业单位普通职工的工资标准进行套改。但是,未明县税务局始终没有执行,王红军的工资待遇也就始终没有得到套改。1999年全省工商系统机构改革,同年8月王红军等一批合同制职工被辞退。被辞退的职工每人补发了10个月的基本工资,但是,在他们工作期间,未明县税务局始终没有给他们缴纳养老保险。王红军对此不服,要求税务局为自己落实套改工资待遇、办理养老保险手续并补缴养老保险费,但税务局以各种理由推脱,一直没有解决。王红军从此开始了漫长的维权道路,每年都要到税务局跑上十几趟,自己查阅省、市、县各级相关文件和国家法律、政策。同时还找过市税务局、省税务局、市信访局、市劳动局、省人大、市政府领导等。但问题一直没有得到解决。2006年1月王红军决定到北京上访,税务局新任局长李世庆听说后亲自找到王红军,同意协商解决此事。经过两个月的协商和谈判,2006年3月税务局和王红军达成了书面和解协议:王红军放弃工资套改要求,税务局答应为王红军办理养老保险。王红军原以为此事终于有了结果,但税务局却迟迟不予办理养老保险手续。每次去找,税务局都以"需要同劳动和社会保障局协调"为由答复。一直到了2007年8月,王红军决定到劳动争议仲裁委员会申请仲裁。仲裁期间王红军坚持要求税务局依照《劳动法》的规定为自己办理养老保险并补偿未予工资套改的损失,税务局表示当初的各项决定都是按照相关文件或领导讲话精神作出的,税务局没有过错。原税务局长宋志云证明:王红军自被辞退后一直不间断地向税务局主张权利,直到2005年9月宋志云退休,此后情况不详。税务局主张:王红军自2006年5月后至今从未再主张过权利。王红军说自己从未中断主张权利,2006年5月之后曾先后找过税务局4次,但对此王红军没有提供相应的证据。通过审理,劳动争议仲裁委员会根据我国《劳动法》第82条的规定,认为王红军提出的申请已经超过了申请时效,最终裁决驳回申请。并告知王红军如有异议,可以自收到仲裁裁决书之日起15日内向人民法院提起诉讼。王红军于2007年9月6日收到裁决书,随后便聘请律师,准备向人民法院提起诉讼,要求税务局为其办理养老保险。

(二) 练习任务

将学生分为若干个实训组,各实训组内部再分为原告组、被告组和审理组。

1. 原告组办理收案手续;撰写相关诉讼文书,收集整理相关证据材料,提起诉讼。

2. 审理组审查起诉材料,确定案由,立案并送达各种法律文书。

3. 被告组办理收案手续;阅卷并分析研究各种法律文书和相关证据材料,收集证据材料、撰写答辩状等诉讼文书并提交人民法院。

4. 开庭审理:宣布法庭纪律,核对当事人信息,告知当事人的诉讼权利;原告陈述事实或宣读起诉状;被告陈述事实或宣读答辩状;审判长总结争议焦点;举证质证、法庭辩论;书记员做好庭审笔录;原被告双方提交书面代理词。

5. 审理人员根据庭审情况,结合庭审笔录和双方的代理词对案件事实认定和法律的适用进行合议,最终形成裁判意见,制作判决书(如调解成功,制作调解书)。

(三) 操作提示

了解案情应注意询问当事人参加工作的时间,工作期间有无间断,被辞退后是否主张过权利,可提供哪些证据等。查阅《劳动法》及国务院、省政府、国务院劳动主管部门以及省级劳动主管部门的相关法规和规章等。收集证据应围绕当事人在税务局的工作年限、税务局辞退时间、双方解决争议的协议和当事人不断主张权利的行为展开。

应围绕原告是否属于被告单位职工、工作年限是多少、被告是否有义务为原告补缴社会保险、原告与税务局长签订的协议是否有效、原告的诉讼请求是否超过诉讼时效等问题展开调查和辩论。庭审结束后审判长提示双方在指定期限内提交完整的代理词,书记员应组织原被告双方查看庭审笔录并签字、按手印等。

合议及宣判要依法定程序进行,不得简化。判决书在查明事实部分应将相关证据一一列举,并对证据的效力加以分析,明确是否采信并说明理由;判决书在判决部分应引用明确具体的法律条文,法律条文内容应附于判决书之后。诉讼费用可根据具体情况由原被告分担。最后审判组同学将判决书送达双方当事人。

参 考 文 献

1. 陈桂明.民事诉讼法[M].北京:中国人民大学出版,2000.
2. 李威.婚姻家庭继承法卷[M].北京:法律出版,2006.
3. 朱绵茂.合同法卷[M].北京:法律出版,2006.
4. 李娟.侵权行为法卷[M].北京:法律出版,2006.
5. 常怡.民事诉讼法学[M].修订版.北京:中国政法大学出版,2005.
6. 樊惠平.民事法律诉讼业务操作指南[M].天津:天津人民出版,2002.
7. 田平安.民事诉讼法学[M].北京:中国政法大学出版,1999.
8. 中华全国律师协会.律师执业基本技能(上)[M].北京:北京大学出版,2007.
9. 江伟.民事诉讼法学案例教程[M].第2版.北京:知识产权出版社,2007.
10. 杨立新.侵权行为法案例教程[M].北京:知识产权出版,2003.
11. 李仁玉.民法教学案例[M].北京:法律出版,2004.
12. 杨立新.民法[M].第四版.北京:中国人民大学出版,2007.
13. 魏振瀛.民法[M].第二版.北京:北京大学出版,2006.
14. 江平.民法学[M].北京:中国政法大学出版,2003.
15. 王利明.民法[M].第二版.北京:中国人民大学出版,2006.
16. 余能斌.民法学[M].北京:中国人民公安大学出版,2003.
17. 刘凯湘.民法学[M].北京:中国法制出版,2003.
18. 彭万林.民法学[M].第四版.修订第三版.北京:中国政法大学出版,2002.